UAPs, OVNIs e o Mar: Revelações de 2024

Explorando o Desconhecido nas Profundezas do Mar

Autor: Fernando Longo (Codinome Maxximus)

Dedicatória

A André Barbosa.

*Este Livro é dedicado ao amigo e também piloto **André Barbosa**, cuja experiência como testemunha ocular de um fenômeno inexplicável no litoral nordeste do Brasil trouxe inspiração e uma perspectiva única para este estudo. Sua coragem em compartilhar seu relato é um lembrete de que explorar o desconhecido é uma jornada de descoberta e aprendizado.*

Obrigado, André, por contribuir para a compreensão desses mistérios.
Fernando Longo

SUMÁRIO

UAPs, OVNIs e o Mar: Revelações de 2024 ....

Explorando o Desconhecido nas Profundezas do Mar ....

Dedicatória ....

INTRODUÇÃO 1

GLOSSÁRIO 4

CAPÍTULO 1: O MAR COMO CENÁRIO DE MISTÉRIOS 10

    1.1 Relatos Históricos e Lendas 10

    1.2 O Triângulo das Bermudas 11

        1.2.1 Principais **Eventos** no Triângulo das Bermudas 13

    1.3. O Triângulo do Dragão 18

        1.3.1 Principais Eventos no Triângulo do Dragão 20

    1.4 Semelhanças entre os Dois "Triângulos" 24

    1.5 Avanços Tecnológicos e Desafios no Monitoramento Oceânico 25

CAPÍTULO 2: OS EVENTOS DE NOVA JERSEY 29

    2.1. Relatos Detalhados 29

2.2 Repercussões e Hipóteses 33
CAPÍTULO 3: RELATOS NO BRASIL 35
   3.1. Navegantes, SC - Fevereiro de 2024 35
   3.2. Recife, PE - Março de 2024 36
   3.3. Rio de Janeiro, RJ - Junho de 2024 37
   3.4. Porto Alegre, RS - Novembro de 2024 38
CAPÍTULO 4: O MAR COMO POSSÍVEL ORIGEM OU ROTA
.... 41
   4.1. Teoria de Bases Submersas 41
   4.2. Exploração de Recursos Energéticos 43
   4.3. Rota de Passagem 44
CAPÍTULO 5: INVESTIGAÇÃO E PERSPECTIVAS FUTURAS
.... 47
   5.1. Cooperação Internacional 47
   5.2. Desenvolvimento de Sensores Submersíveis 48
   5.3. Aplicação de Inteligência Artificial 49
      5.3.l Transparência e Engajamento Público 51
   5.4. Futuro 52
CAPÍTULO 6: DOCUMENTO – DECLARAÇÃO DE OFICIAL DA U.S. NAVY (16 DE DEZEMBRO DE 2024) 53
   6.1 Considerações sobre o Documento – Declaração de Oficial da U.S. Navy (16 de Dezembro de 2024) 63
CAPÍTULO 7: DOCUMENTOS PUBLICADOS PELA U.S. NAVY NO SITE OFICIAL - DELETADO 69

7.1 Descrição dos Eventos Relacionados a UAPs e USOs 72

7.2 Interações com Navios de Guerra 75

7.3 Interações com Navios de Guerra 76

7.4 Reação de Sistemas Militares 77

7.5 Parecer 78

    7.5.1 Padrões de Comportamento dos UAPs/USOs 80

    7.5.2 Questões Científicas e Filosóficas 81

7.6 Documentos Originais da U.S. Navy sobre os Eventos 83

CAPÍTULO 8: DOCUMENTO PUBLICADO PELA FOIA COM CONFIDENCIALIDADE 96

CONCLUSÃO 100

REFERÊNCIAS E LEITURAS SUGERIDAS 106

SOBRE O AUTOR 110

DOCUMENTOS SELECIONADOS 112

DISCLAIMER 116

INTRODUÇÃO

O ano de 2024 marcou um aumento significativo nos relatos de Fenômenos Aéreos Não Identificados (UAPs), ou OVNIs, com foco especial em regiões costeiras e áreas marítimas. Embora esses avistamentos não sejam uma novidade em si, o crescimento no volume de registros e a precisão dos relatos trouxeram uma relevância sem precedentes para o estudo desses fenômenos. Em paralelo, a discussão internacional sobre a transparência governamental em relação aos UAPs – impulsionada por programas como o AARO (*All-domain Anomaly Resolution Office*) nos Estados Unidos – também fomentou o interesse público e científico no assunto.

O mar, por sua vastidão, profundidade e inexplorabilidade, tem sido palco de inúmeros relatos de luzes misteriosas e anomalias ao longo da história humana. Estudos recentes indicam que UAPs podem utilizar as águas oceânicas tanto como rota quanto como possível local de origem, considerando a dificuldade de monitoramento e a grande extensão dos oceanos. Com testemunhos provenientes de pilotos, pescadores, civis e até de instituições militares, o ambiente marítimo emerge como um cenário crucial para compreender as dinâmicas desses fenômenos.

Ilustração

Este Livro pretende explorar e aprofundar essa conexão, apresentando:

- Uma análise detalhada dos avistamentos registrados em 2024 nos Estados Unidos e no Brasil, especialmente em áreas litorâneas.

- Discussões sobre as possíveis origens e finalidades dos UAPs, com foco em teorias que relacionam essas manifestações ao meio subaquático.

- Referências a investigações governamentais, iniciativas civis, relatos de testemunhas e documentos divulgados publicamente, incluindo aqueles fornecidos pela U.S. Navy (Marinha dos EUA), bem como declarações de uma testemunha que afirma ser oficial desta instituição.

A proposta é ir além de uma simples compilação de eventos, buscando estabelecer correlações, apontar evidências e apresentar hipóteses que possam subsidiar estudos futuros. Ao fim, o leitor terá uma visão mais ampla sobre como o mar – e tudo o que nele habita ou se oculta – parece estar no centro dos grandes enigmas relacionados aos UAPs.

GLOSSÁRIO

- **AARO** (*All-domain Anomaly Resolution Office*). Órgão criado pelos Estados Unidos com a finalidade de investigar, analisar e resolver relatos de anomalias em diferentes domínios – aéreo, marítimo, espacial etc. Tornou-se foco de atenção ao lidar com questões relacionadas a UAPs e possíveis tecnologias não reconhecidas.

- **Anomalias Magnéticas**. Termo usado para descrever áreas onde o campo magnético terrestre apresenta variações significativas em relação ao padrão. Diversos relatos de UAPs apontam que esses objetos podem aproveitar-se dessas variações como possível fonte de energia ou rota de navegação.

- **Bioluminescência Artificial**. Fenômeno especulado em alguns avistamentos de UAPs/USOs, nos quais luzes no mar não se explicam pelos organismos marinhos conhecidos. A hipótese é de que objetos desconhecidos possam emitir luz artificial ou causar reações químicas bioluminescentes no ambiente.

- **Brasil – Avistamentos UAP (2024)**. Série de relatos ocorridos em áreas costeiras do Brasil ao longo de 2024, descritos em locais como Navegantes (SC), Recife (PE), Rio de Janeiro (RJ) e Porto Alegre (RS). Os eventos abrangem luzes inexplicáveis, movimentos erráticos e objetos emergindo ou submergindo no oceano.

- **Cooperação Internacional**. No contexto do estudo de UAPs, refere-se à necessidade de troca de informações entre órgãos de defesa, pesquisadores civis e instituições internacionais para criar um panorama abrangente dos fenômenos. Envolve padronizar relatórios, compartilhar dados de radar e sensores submersíveis, entre outros esforços.

- **Dorsais Oceânicas**. Estruturas submarinas – resultantes de placas tectônicas – apontados como potenciais pontos de interesse para bases submersas, dadas as anomalias gravitacionais e magnéticas presentes em tais regiões.

- **FOIA (*Freedom of Information Act*)**. Lei americana que permite a qualquer pessoa solicitar acesso a registros ou documentos do governo dos EUA. Por vezes, relatórios relacionados a UAPs aparecem na *FOIA Reading Room*, gerando revelações ou vazamentos (como descrito nos Capítulos 6, 7 e 8).

- **Mach 5**. Velocidade equivalente a cinco vezes a velocidade do som (aproximadamente 6.125 km/h). Alguns documentos relatam que UAPs seriam capazes de ultrapassar essa marca, tanto na atmosfera quanto em manobras aéreas relacionadas a navios de guerra.

- **NHI (*Non-Human Intelligence*)**. Expressão utilizada em documentos recentemente divulgados (Capítulo 6, atribuído a "U.S. Navy X") para descrever tecnologias ou entidades que não se originam da engenharia ou biologia humana. Inclui, mas não se limita, a hipóteses extraterrestres ou interdimensionais.

- **Nova Jersey – Avistamentos (Novembro de 2024)**. Onda de aparições registradas nos EUA, caracterizada por luzes em formações triangulares, padrões de voo erráticos e potencial monitoramento de bases militares próximas. Recebeu investigação preliminar do FBI e do Pentágono, sem conclusão oficial.

- **Propulsão Não Convencional**. Termo que designa tecnologias hipotéticas ou desconhecidas capazes de ultrapassar limitações da física aeronáutica atual. Inclui manobras de alta velocidade, mudanças abruptas de direção, voo estacionário em condições adversas e transições entre ar e água.

- **Sensores Submersíveis**. Equipamentos de monitoramento capazes de operar em grandes profundidades, registrando variações de temperatura, pressão, atividade vulcânica e sinais acústicos. São considerados fundamentais para investigação de objetos submersos não identificados (USOs).

- *Transmedium* ("transmídia"). Capacidade atribuída a determinados UAPs ou USOs de transitar entre diferentes meios – como o ar e a água – sem aparente perda de velocidade ou perturbação significativa do ambiente. Relatos oficiais (Capítulo 7) descrevem tais manobras em operações no Oceano Pacífico.

- **Triângulo das Bermudas**. Área marítima próxima a Bermuda, Miami e Puerto Rico, conhecida por relatos de desaparecimentos de embarcações e aeronaves. Embora muitos casos tenham explicações naturais, permanece o misticismo associado a supostas falhas de instrumentos e fenômenos não identificados.

- **Triângulo do Dragão (Mar do Diabo)**. Região próxima à costa do Japão (ilhas Izu e Ogasawara), também vinculada a relatos de desaparecimentos e falhas eletrônicas. Muitos pesquisadores traçam paralelos entre o Triângulo do Dragão e o Triângulo das Bermudas, enfatizando fenômenos anômalos em mares distantes.

- **UAP** (*Unidentified Aerial Phenomenon* / **Fenômeno Aéreo Não Identificado**). Termo amplamente adotado por agências governamentais para substituir "OVNI". Refere-se a qualquer evento aéreo que não possa ser explicado de imediato por aeronaves, balões meteorológicos ou fenômenos atmosféricos conhecidos.

- **UFO / OVNI** (Objeto Voador Não Identificado). Sigla clássica para "UFO" em inglês. Trata-se de qualquer objeto ou luz no céu que não tenha sido identificado ou reconhecido como tecnologia humana ou fenômeno natural convencional.

- **USO (Objeto Submersível Não Identificado)**. Versão subaquática dos UAPs, descrita em diversos relatórios. Segundo relatos, exibe altas velocidades e manobras impossíveis para a tecnologia subaquática atual, além de emergir e submergir sem perturbar a superfície do mar.

- **"U.S. Navy X" (Informante)**. Pseudônimo atribuído ao suposto autor do documento vazado analisado no Capítulo 6, que reivindica conhecimento de alta definição sobre dispositivos de origem não humana e chama o Congresso dos EUA a conduzir audiências com abrangência e poderes de intimação.

- **Documentos da U.S. Navy – Publicados/Removidos (Capítulo 7)**. Arquivos publicados no site oficial da Marinha dos EUA (domínio ".mil") e removidos ao ser detectado que continham informações sensíveis sobre avistamentos no Oceano Pacífico. Esses relatórios mencionam interações entre navios de guerra (p. ex., USS Russell, USS Omaha,

USS Kidd) e UAPs/USOs, descrevendo velocidades acima de 500 nós debaixo d'água e tecnologias furtivas.

- **USS Russell, USS Omaha, USS Kidd**. Navios de guerra citados no Capítulo 7 que teriam se envolvido em eventos de alta relevância, supostamente gravados e relatados em documentos oficiais da Marinha dos EUA. Aparecem em contexto de possíveis interações com esferas luminosas, objetos cilíndricos, discos e veículos submersos não identificados.

- **Vazamentos e Remoções**. Termos que descrevem a publicação involuntária de materiais sem a devida revisão de segurança, seguido de sua remoção dos sites oficiais. A menção recorrente em Capítulos 6 e 7 reforça como tais incidentes alimentam debates sobre sigilo governamental e a pressa do público em baixar documentos antes que sejam suprimidos.

- **WSO (*Weapons Systems Officer*)**. Oficial especializado em aeronaves militares, responsável pela operação de sistemas de armamento, contramedidas eletrônicas e, em alguns casos, por parte da navegação e comunicação em voo. Em casos de avistamentos de UAPs, o WSO desempenha papel crucial, pois monitora sensores de radar e sistemas de detecção a bordo, podendo fornecer dados valiosos sobre contato e distância do fenômeno.

CAPÍTULO 1: O MAR COMO CENÁRIO DE MISTÉRIOS

Desde os primórdios da navegação, o mar se apresenta como símbolo de aventura e de mistério. Grandes civilizações, como os fenícios, os gregos e os vikings, deixaram registros de fenômenos luminosos nas águas e no céu, muitas vezes associados a deuses ou criaturas mitológicas. Ao longo dos séculos, vários relatos e lendas se formaram envolvendo não apenas navios que desapareciam sem explicação, mas também estranhas luzes que surgiam e submergiam no oceano.

1.2 Relatos Históricos e Lendas

Luzes de Santelmo: Fenômeno elétrico que ocorre durante tempestades, quando descargas criam luzes dançantes em mastros e estruturas elevadas de navios. Embora a ciência tenha explicado esse fenômeno natural, marinheiros de todas as épocas narram episódios intensos em que as luzes pareciam interagir de forma "inteligente" ou mover-se em padrões incomuns.

USOs (Objetos Submersíveis Não Identificados): Ao contrário dos OVNIs (Objetos Voadores Não Identificados), os USOs são reportados como objetos capazes de se deslocar tanto no ar quanto embaixo d'água. A literatura ufológica registra, desde o século XX, casos de submarinos que avistam luzes e estruturas desconhecidas na escuridão dos mares, chegando a persegui-las sem sucesso.

Esses relatos, somados a desaparecimentos de embarcações e tripulações, nutriram a curiosidade popular em torno das áreas mais "misteriosas" dos oceanos. Dois exemplos clássicos são o Triângulo das Bermudas, no Atlântico, e o Triângulo do Dragão, no Pacífico.

1.2 O Triângulo das Bermudas

O Triângulo das Bermudas, localizado entre as ilhas Bermudas, a Flórida (EUA) e Porto Rico, é uma das regiões mais enigmáticas do planeta. Ao longo dos séculos, este local tornou-se sinônimo de mistérios devido ao desaparecimento inexplicável de aeronaves e embarcações. Desde relatos de navios fantasmas até histórias de espaço-tempo distorcido, o Triângulo das Bermudas continua a intrigar cientistas e entusiastas. O Triângulo das Bermudas é uma região do Oceano Atlântico Norte delimitada por três pontos geográficos principais: Ilhas Bermudas, localizadas ao norte do triângulo, são um território britânico ultramarino; Flórida (EUA), o ponto sul-ocidental é geralmente localizado na cidade de Miami; Porto Rico, a cidade de San Juan, no leste do Caribe, marca o terceiro ponto do triângulo. Esses três vértices formam uma área triangular de aproximadamente 1,3 milhão de quilômetros quadrados, cobrindo uma região de grande tráfego marítimo e aéreo. **Coordenadas aproximadas dos vértices: Bermudas,** 32°18′ N, 64°47′ W; **Miami (Flórida),** 25°46′ N, 80°11′ W; **San Juan, (Porto Rico):** 18°27′ N, 66°03′ W.

1.2.1 Principais Eventos no Triângulo das Bermudas

O Triângulo das Bermudas, uma extensa área no Oceano Atlântico delimitada, em linhas gerais, pelos pontos de Bermuda, Miami (EUA) e Puerto Rico, ganhou fama mundial devido a inúmeros relatos de desaparecimentos de navios e aeronaves sob circunstâncias frequentemente tidas como inexplicáveis. Embora muitos desses incidentes possam ser atribuídos a causas naturais ou falhas humanas, alguns deles continuam a alimentar debates e teorias que vão desde anomalias magnéticas até fenômenos ufológicos e portais dimensionais. Abaixo, destacam-se três dos casos mais notórios:

- **Flight 19 (1945):** Um dos mais emblemáticos episódios associados ao Triângulo das Bermudas ocorreu em 5 de dezembro de 1945, quando um grupo de cinco aeronaves torpedeiras TBM Avenger da Marinha dos Estados Unidos – conhecido como "Flight 19" – partiu de Fort Lauderdale, na Flórida, para um treino de navegação e bombardeio. Inexplicavelmente, a rotina que se tornou anômala, já que a missão era considerada simples, mas, durante o exercício, os pilotos começaram a relatar desorientação e problemas com os instrumentos de navegação. A transmissão de rádio captada pelas bases relatava frustração dos pilotos quanto a leituras de bússola incoerentes e visibilidade prejudicada. Quanto às condições meteorológicas adversas, ainda hoje há controvérsias sobre a real gravidade do clima naquele dia; alguns registros apontam tempestades, enquanto outros indicam apenas nuvens dispersas e alguma chuva. A confusão nos relatos e as variações climáticas intensificaram o mistério. Para piorar, os cinco aviões simplesmente não retornaram à base. A equipe de busca e salvamento enviada para localizá-los também encontrou dificuldades: um hidroavião PBM Mariner desapareceu durante as operações de resgate, com testemunhas relatando uma explosão sobre o oceano. Apesar de extensas operações na região, nenhum destroço conclusivo das aeronaves do Flight 19 foi encontrado. O relatório oficial da Marinha dos EUA mencionou "causas desconhecidas" e acirrou as especulações sobre o que realmente ocorreu naquele dia.

- **USS Cyclops (1918):** O USS Cyclops era um grande navio de abastecimento da Marinha dos EUA, parte crucial da frota de transporte de carvão e suprimentos durante a Primeira Guerra

Mundial. Em março de 1918, ele desapareceu enquanto realizava uma rota entre a Bahia (Brasil) e Baltimore (EUA). Com mais de 300 pessoas a bordo e capacidade para transportar milhares de toneladas de carvão, o USS Cyclops era considerado um navio robusto e confiável para a época. As comunicações do navio foram interrompidas sem deixar sinais de emergência. O último registro oficial indicava que a embarcação navegava ao norte das Ilhas Barbados, já em direção à costa leste dos Estados Unidos. Nenhum destroço, mensagem de socorro ou pista concreta sobre o destino do navio foi encontrado. Alguns sugeriram que tempestades repentinas, atividade inimiga (embora não haja evidências sólidas de submarinos alemães naquela rota) ou mesmo anomalias magnéticas poderiam ter contribuído para o desastre. O caso do USS Cyclops permanece como uma das maiores perdas de vidas humanas na história da Marinha dos EUA em tempos de paz. Muitos historiadores e pesquisadores incluem este episódio na lista de mistérios reforçando a reputação do Triângulo das Bermudas.

- **Star Tiger e Star Ariel (1948-49):** Entre o final de 1948 e o início de 1949, dois aviões comerciais da British South American Airways (BSAA) – o Star Tiger e, posteriormente, o Star Ariel – desapareceram enquanto sobrevoavam o Atlântico, próximo à região das Bermudas. As autoridades aeronáuticas britânicas e americanas, ao investigarem os incidentes, concluíram que problemas meteorológicos e possivelmente falhas de navegação poderiam estar envolvidos. No entanto, a coincidência das rotas, o mesmo operador aéreo e a ausência de destroços intensificaram o aspecto misterioso dos desaparecimentos

1. **Star Tiger (1948):** A aeronave partiu dos Açores rumo a Hamilton, nas ilhas Bermudas, antes de seguir para a Jamaica. Em meio à rota, perdeu-se o contato por rádio, e o avião nunca chegou ao destino. Relatórios meteorológicos apontam para clima instável na ocasião, mas não suficientemente severo para justificar um sumiço total. Nenhum destroço foi recuperado.
2. **Star Ariel (1949):** Pouco mais de um mês após o evento com o Star Tiger, outro avião da BSAA, o Star Ariel, decolou das Bermudas rumo à Jamaica. A comunicação se manteve normal até certo ponto do voo, quando tudo ficou silencioso. Investigações

posteriores foram inconclusivas, sem qualquer evidência concreta de avaria mecânica ou falha humana.

A notoriedade desses episódios impulsionou o interesse popular e inspirou inúmeras teorias – das mais científicas às mais sobrenaturais. Alguns estudiosos defendem hipóteses baseadas em tempestades súbitas, bolhas de gás metano oriundas do fundo do mar ou correntes oceânicas especialmente traiçoeiras. Outros sugerem a ação de forças desconhecidas, como poderosas anomalias magnéticas ou até mesmo a interferência de inteligência não-humana. Seja qual for a explicação definitiva, os casos ligados ao Triângulo das Bermudas continuam a fascinar pesquisadores e curiosos, alimentando uma das maiores lendas marítimas de todos os tempos.

Ilustração

1.3. O Triângulo do Dragão

Conhecido como o "Triângulo do Diabo", o Triângulo do Dragão é uma região localizada no Oceano Pacífico, nas proximidades do Japão, com fama semelhante à do Triângulo das Bermudas. Delimitado por pontos entre o arquipélago japonês, as Ilhas Bonin e parte do Oceano Pacífico ao sul, o Triângulo do Dragão é palco de relatos de desaparecimentos de navios, aviões e fenômenos inexplicáveis. O Triângulo do Dragão, também conhecido como Triângulo do Diabo, está localizado no Oceano Pacífico, próximo ao Japão. Ele é delimitado por três pontos principais: Tóquio (Japão): O ponto ao norte do triângulo; Ilhas Bonin, um arquipélago ao sudeste de Tóquio; Ilhas Guam e Mariana, ao sul, próximo ao limite oriental da região. **Coordenadas aproximadas dos vértices: Tóquio (Japão),** 35°41′ N, 139°46′ E; **Ilhas Bonin,** 27°5′ N, 142°11′ E; **Guam (Ilhas Mariana),** 13°26′ N, 144°47′ E.

1.3.1 Principais Eventos no Triângulo do Dragão

Conhecido também como Mar do Diabo, o Triângulo do Dragão situa-se próximo às ilhas Izu e Ogasawara, ao largo da costa do Japão. Tal como acontece no Triângulo das Bermudas, esta área ganhou notoriedade devido aos relatos de desaparecimentos inexplicáveis de embarcações, falhas de instrumentos de navegação e fenômenos ambientais intensos. A seguir, destacam-se alguns dos incidentes mais comentados ou significativos desta região: possíveis características fisiológicas ou médicas de inteligências não humanas.

- Navios Pesqueiros Japoneses (décadas de 1940 a 1950): Durante o pós-guerra, a indústria pesqueira japonesa tentava se recuperar e expandir suas atividades. Entretanto, vários registros dão conta de problemas de bússola, desaparecimentos de tripulação e acidentes súbitos em barcos que se aventuravam nas águas do Mar do Diabo. Em diversos depoimentos, pescadores narram ter visto clarões ou pontos luminosos no céu ou emergindo do mar, momentos antes de perderem contato com embarcações próximas. Esses relatos reforçam as teorias de que haveria fenômenos luminosos incomuns na região, semelhantes aos reportados no Triângulo das Bermudas. Alguns sobreviventes mencionaram que rádios e bússolas deixavam de funcionar adequadamente, resultando em navegação desorientada. Em meio a mares revoltos ou tempestades repentinas, essa perda de referência seria fatal. Em muitos casos, apesar das buscas, nenhum sinal das embarcações desaparecidas era encontrado, o que alimentava ainda mais o misticismo em torno da área.

- Kublai Khan e as Frotas Mongóis (século XIII): Muito antes de receber o nome "Triângulo do Dragão", a região já figurava em crônicas históricas ligadas às tentativas de invasão do Japão pelos mongóis, liderados por Kublai Khan, no final do século XIII. Kamikaze (Ventania Divina). De acordo com a tradição japonesa, duas grandes frotas mongóis foram surpreendidas por tufões devastadores, os chamados "kamikaze", que dispersaram e afundaram inúmeras embarcações inimigas, protegendo o Japão de uma invasão em larga escala. Embora hoje se reconheça o papel crucial dos tufões nesse episódio, alguns pesquisadores associam a rota percorrida pelas frotas à área que posteriormente seria conhecida como Mar do Diabo. A imprevisibilidade das correntes marinhas e das tempestades tropicais, aliada a supostas anomalias magnéticas, teria exacerbado os efeitos destrutivos sobre as embarcações mongóis. Para o Japão, esses relatos históricos reforçam uma aura de proteção divina em torno das ilhas, ao mesmo tempo em que ilustram como fenômenos naturais extremos podem ser interpretados de forma quase mística e lendária.

- Emissões Vulcânicas e Fenômenos Geofísicos: A atividade vulcânica submarina é um fator fundamental para se compreender os riscos e mistérios do Triângulo do Dragão. A região, parte do Cinturão de Fogo do Pacífico, apresenta alta frequência de abalos sísmicos e erupções abaixo do nível do mar. As erupções vulcânicas podem liberar grandes quantidades de gases, como metano ou dióxido de carbono, que se acumulam sob pressão no leito oceânico. Quando essas bolhas chegam à superfície, podem desestabilizar a densidade da água, afetando a flutuabilidade das embarcações. A presença de vales submarinos, cumes vulcânicos e deslocamentos de placas tectônicas cria correntes irregulares que podem surpreender embarcações despreparadas. Em condições meteorológicas adversas, essas correntes podem agravar a formação de tempestades de curta duração, mas intensa violência. Depoimentos de marinheiros incluem menções a falhas eletrônicas repentinas e "áreas de mar calmo" que, em questão de minutos, se transformam em mar revolto. Tais relatos levantam a hipótese de campos eletromagnéticos anômalos resultantes da combinação de atividade vulcânica, correntes marítimas e condições climáticas extremas.

Tal como no Triângulo das Bermudas, as explicações para os eventos misteriosos no Triângulo do Dragão variam entre abordagens científicas e teorias sobrenaturais. Enquanto muitos especialistas defendem que a região sofre apenas de condições marítimas e geológicas particularmente complexas – incluindo vulcanismo, tufões e anomalias magnéticas –, outros ponderam que certos episódios ainda escapam à explicação convencional, abrindo espaço para especulações sobre **fenômenos aéreos e subaquáticos não identificados**.

Apesar do aspecto enigmático, esse conjunto de ocorrências históricas e modernas serve de alerta para a constante vigilância e pesquisa científica na região. Seja através de **sondas submarinas, monitoramento sísmico** ou **investigações de natureza ufológica**, o Triângulo do Dragão segue como um dos grandes pontos de interesse para pesquisadores de diversas áreas – de oceanógrafos a ufólogos –, que ainda buscam decifrar a complexidade dessa parte inóspita e, ao mesmo tempo, fascinante do planeta.

1.4 Semelhanças entre os Dois "Triângulos"

Apesar de estarem separados por milhares de quilômetros e possuírem histórias culturais distintas, o Triângulo das Bermudas e o Triângulo do Dragão apresentam alguns pontos em comum: **Desaparecimentos Misteriosos,** pois ambos acumulam casos de navios e aeronaves que desapareceram sem deixar rastros, muitas vezes sem qualquer pedido de socorro e com poucos ou nenhum destroço recuperado; **Distúrbios Eletromagnéticos,** já que há relatos de falhas em bússolas, instrumentos de navegação e sistemas de comunicação são recorrentes em ambos os locais, levantando hipóteses por Pesquisadores que incluem anomalias magnéticas ou efeitos geofísicos peculiares das regiões; **Atividade Climática e Vulcânica,** uma vez que no Triângulo das Bermudas, tempestades repentinas e a presença de correntes marítimas fortes (como a Corrente do Golfo) podem influenciar acidentes. Já no Triângulo do Dragão, há forte atividade vulcânica submarina e tufões sazonais. Ainda assim, permanecem incidentes sem explicação meteorológica ou geológica satisfatória; **Fama Mundial e Mito,** considerando que ambos são amplamente retratados em livros, filmes e programas de TV, muitas vezes com apelo sensacionalista. A "aura" de mistério fomenta inúmeras teorias – desde portais dimensionais até bases subaquáticas de UAPs – e contribui para o fascínio contínuo do público; **Relação com Fenômenos UAP,** ainda que os eventos clássicos ligados a esses "triângulos" não sejam todos atribuídos a UAPs, diversos pesquisadores modernos de ufologia sugerem que ambos os locais poderiam estar ligados a operações submersas de inteligência não-humana, dada a recorrência de avistamentos de objetos luminosos emergindo ou submergindo no mar.

1.5 Avanços Tecnológicos e Desafios no Monitoramento Oceânico

Em 2024, o desenvolvimento de sensores subaquáticos de alta sensibilidade e de satélites sofisticados representou um importante salto na capacidade de monitoramento das áreas oceânicas. Esses equipamentos, capazes de detectar variações mínimas de temperatura, pressão, correntes marinhas e até pulsações eletromagnéticas, ofereceram novos dados para pesquisadores que investigam os fenômenos marítimos – em especial, aqueles relacionados aos UAPs (Fenômenos Aéreos Não Identificados).

No entanto, esses avanços tecnológicos ainda enfrentam limitações estruturais e geofísicas consideráveis: **Boa parte dos oceanos permanece inexplorada abaixo dos 3.000 metros**, com regiões abissais que podem ultrapassar 10.000 metros de profundidade, como ocorre na Fossa das Marianas. Nessas zonas, a pressão é imensa, a luz solar não atinge o local e apenas veículos ou sensores muito especializados conseguem realizar medições. Ainda assim, a coleta de dados sofre com restrições de energia, transmissão de informações e resistência de materiais, tornando quaisquer investigações subaquáticas um desafio de engenharia e logística; **as massas de água cobrem cerca de 70% da superfície terrestre**, dificultando uma cobertura contínua de todos os pontos críticos. Mesmo com a ajuda de satélites, ainda é inviável manter um monitoramento detalhado e constante de cada região oceânica. Por isso, muitos relatos de possíveis USOs (Objetos Submersíveis Não Identificados) ou de atividades anômalas acontecem em áreas onde os sensores não alcançam em tempo real, resultando em grandes "zonas cinzentas" de informação; **Fenômenos Geofísicos Complexos,** com correntes marítimas, eventos sísmicos, vulcanismo submarino, liberações de gás metano do fundo oceânico e variações magnéticas criam um mosaico de forças naturais praticamente imprevisíveis em algumas áreas. Essas dinâmicas podem imitar ou encobrir sinais de fenômenos anômalos, confundindo a interpretação dos dados coletados. Além disso, a interação entre correntes quentes e frias em diferentes profundidades pode gerar anomalias térmicas de difícil explicação inicial – muitas vezes só resolvidas após extensas análises comparativas; **Limitada Capacidade de Transmissão de Dados Subaquáticos,** embora os satélites tenham tornado o rastreamento de eventos na superfície mais simples, a transmissão de dados em profundidade ainda depende majoritariamente de cabos submarinos ou sistemas acústicos de baixa frequência, que possuem largura de banda limitada. Esse gargalo tecnológico retarda a obtenção de informações em tempo real, restringindo a capacidade de resposta imediata a eventos anômalos; **Custos e Logística,** pois as operações de pesquisa nos oceanos exigem embarcações especializadas, robôs submarinos ou drones de longo alcance, além de equipes técnicas multidisciplinares. Os custos podem ser astronômicos, o que faz com que muitos projetos de monitoramento contínuo acabem sendo relegados a ações pontuais ou financiamentos institucionais limitados. Dessa forma, apenas uma parcela restrita das regiões oceânicas recebe estudos aprofundados de maneira constante.

É justamente essa combinação de extrema profundidade, vastidão territorial e complexidade geofísica que torna o meio marítimo tão fascinante – e, simultaneamente, desafiador – para estudiosos de UAPs e fenômenos correlatos. Pesquisadores que se debruçam sobre a possibilidade de bases submersas, objetos desconhecidos e rotas de inteligência não humana entendem que há um potencial gigantesco para novas descobertas, mas também enfrentam uma barreira robusta de obstáculos práticos, tecnológicos e financeiros.

Diante disso, iniciativas de colaboração internacional, troca de dados e desenvolvimento de sensores cada vez mais avançados tornam-se indispensáveis. Somente com esforços combinados, envolvendo governos, universidades, empresas de tecnologia e até mesmo a comunidade civil, será possível ampliar significativamente nosso entendimento sobre o que realmente acontece nas profundezas abissais – e, quem sabe, esclarecer ao menos parte dos enigmas que rondam o encontro entre o mar e os fenômenos aéreos não identificados.

CAPÍTULO 2: OS EVENTOS DE NOVA JERSEY

Em **novembro de 2024**, o estado de **Nova Jersey**, nos Estados Unidos, tornou-se o foco das atenções da imprensa, do público e de especialistas em UAPs (Fenômenos Aéreos Não Identificados). Diferentemente de episódios esporádicos e isolados, a região vivenciou uma **série de avistamentos de grande impacto** em um curto intervalo de tempo, o que permitiu a coleta de depoimentos, vídeos e análises técnicas mais consistentes. Observadores relataram não apenas **formações luminosas** sobre o litoral e áreas urbanas, mas também manobras que desafiavam as explicações convencionais sobre aeronaves conhecidas.

2.1. Relatos Detalhados

1. **Reservatório Round Valley:** Em uma noite de céu claro, pescadores e campistas testemunharam **objetos luminosos** emergindo da superfície da água e ascendendo

verticalmente em velocidade extrema. Em questão de segundos, os UAPs subiram ao céu, desaparecendo na atmosfera. Especialistas em drones e engenharia aeroespacial consultados pela mídia local enfatizaram que **nenhuma tecnologia terrestre** conhecida executa acelerações tão rápidas e em trajetória vertical quase perpendicular. Além disso, a água aparentemente não sofreu qualquer turbulência visível, o que intrigou ainda mais os investigadores. Para a comunidade ufológica, essas manobras sugerem algo mais avançado do que simples drones de recreação, levantando a hipótese de veículos "transmídia" (capazes de se deslocar tanto na água quanto no ar).

2. **Costa de Nova Jersey:** Moradores e turistas registraram **luzes dispostas em formação triangular** movendo-se de forma coordenada. Em alguns vídeos de celular, as luzes parecem "dançar" em sincronia, executando inclinações e mudanças súbitas de direção antes de desaparecerem em altíssima velocidade no horizonte. Profissionais da aviação civil comentaram, em entrevistas à TV local, que tais ângulos de inclinação e bruscas acelerações vão além da capacidade de aeronaves comerciais ou militares convencionais. Isso gerou debates sobre propulsão avançada ou fenômenos ópticos ainda não compreendidos.

Diferentes emissoras dedicaram reportagens especiais ao assunto, comparando o evento com avistamentos passados em outras partes do país. Alguns analistas sugeriram que a região poderia estar sob algum tipo de "rota de voo experimental", embora as autoridades negassem qualquer teste aéreo oficial no período.

3. **Áreas Próximas a Bases Militares:** Diversos avistamentos ocorreram em zonas restritas ou próximas a instalações de segurança nacional, intensificando suspeitas sobre **espionagem estrangeira** ou a existência de programas secretos de aeronaves. Relatórios preliminares do FBI e do Pentágono, porém, não conseguiram associar os fenômenos a drones comerciais, balões meteorológicos ou aeronaves de treinamento. A falta de confirmação oficial alimentou teorias de que o governo estaria testando novas tecnologias de propulsão, ou que, por outro lado, haveria um **interesse externo** em observar as bases norte-americanas. O tema ganhou repercussão em fóruns de ufologia e segurança nacional, com especialistas divididos entre hipóteses de engenharia terrestre avançada e a possibilidade de envolvimento de inteligências não humanas.

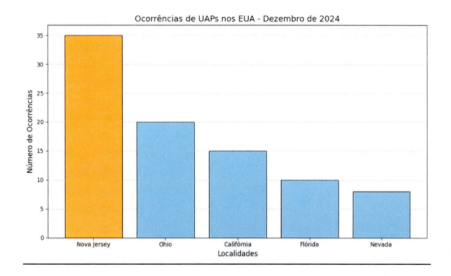

As fontes de onde foram extraídos os dados abaixo constam nas referências deste Livro, sendo oficiais. Portanto, não se considera a totalidade que veio à público, por ausência de confirmação pelas autoridades do Governo Americano e do Brasil.

Localização	Eventos Relatados	Porcentagem (%)
Brasil - Mar	28	70
Brasil - Continente	12	30
EUA - Mar	35	70
EUA - Continente	15	30
Nova Jersey - Mar	12	71
Nova Jersey - Continente	5	29

2.2 Repercussões e Hipóteses

A comunidade ufológica levanta a hipótese de que os UAPs poderiam estar monitorando instalações militares ou aproveitando-se de anomalias magnéticas locais para navegação ou disfarce. Alguns pesquisadores ressaltam a existência de correntes eletromagnéticas peculiares no nordeste dos EUA, o que poderia justificar a escolha da região como "ponto de interesse". Em contrapartida, cientistas e engenheiros defendem a possibilidade de que tais avistamentos sejam fruto de programas experimentais – aeronaves de controle remoto, protótipos hipersônicos ou drones de altíssima performance. No entanto, a ausência de evidências concretas e a negativa das autoridades militares em reconhecer qualquer operação fortalecem a atmosfera de mistério.

A ampla divulgação de vídeos amadores e entrevistas em noticiários impulsionou o engajamento de entusiastas e especialistas na investigação dos fatos, gerando debates acalorados nas redes sociais sobre a procedência e a relevância desses eventos. Enquanto parte do público acredita em uma visitação ou monitoramento não humano, outra parcela mantém ceticismo, atribuindo os fenômenos a explicações tecnológicas – embora secretas. Parlamentares locais chegaram a questionar oficialmente as Forças Armadas sobre a natureza desses avistamentos. Embora não houvesse qualquer reconhecimento formal, grupos civis pediram maior transparência do governo e a divulgação de dados de radar, gravações e outras informações que pudessem esclarecer as origens e intenções dos objetos.

Em suma, os incidentes ocorridos em Nova Jersey em novembro de 2024 reacenderam os debates sobre o tema UAP nos Estados Unidos, corroborando a importância de investigações mais abrangentes e de um compartilhamento de dados – não apenas entre agências governamentais, mas também com comunidades científicas independentes. Enquanto não surgem evidências definitivas, permanece o enigma: estariam esses objetos relacionados a projetos militares ultra-secretos ou realmente representarão algum tipo de manifestação não identificada e potencialmente não humana? O episódio exemplifica como a busca por respostas, muitas vezes, levanta mais questões do que certezas.

CAPÍTULO 3: RELATOS NO BRASIL

Com uma costa atlântica que ultrapassa 7 mil quilômetros de extensão, o Brasil não apenas se destaca pela biodiversidade marinha e pelo trânsito comercial intenso, mas também tem chamado atenção por inúmeros avistamentos de UAPs (Fenômenos Aéreos Não Identificados) ao longo de 2024. Esses relatos ganharam robustez ao envolver pescadores, marinheiros, pilotos comerciais e turistas, pessoas de perfis profissionais ou amadores diferentes, mas que apresentam depoimentos convergentes em termos de fenômenos observados. Em alguns casos, as ocorrências foram tão próximas à costa que chegaram a afetar atividades pesqueiras e até restrições temporárias de tráfego aéreo, confirmando a relevância do assunto para autoridades de controle do espaço aéreo e marítimo.

3.1. Navegantes, SC - Fevereiro de 2024

Navegantes, no litoral de Santa Catarina, sediava um dos aeroportos mais movimentados da região. Por volta das 22h de uma noite de verão, um piloto comercial em procedimento de pouso noturno percebeu uma luz circular que alternava entre as cores vermelho e verde. Segundo o relato, o objeto se deslocava em padrão de zigue-zague, algo que não corresponde à dinâmica de voo de aeronaves comerciais ou mesmo de helicópteros militares convencionais. A torre de controle, informada em tempo real, também pôde avistar o fenômeno, registrando-o como inconsistente com qualquer tráfego de voo autorizado. Após alguns segundos de observação, a luz acelerou em uma velocidade vertiginosa e desapareceu sem emitir qualquer ruído. O piloto reportou o evento à Agência Nacional de Aviação Civil (ANAC) e às autoridades locais, gerando um breve inquérito interno. Contudo, nenhuma explicação oficial foi emitida, elevando o status do incidente a um mistério regional.

3.2. Recife, PE - Março de 2024

Em Recife, capital de Pernambuco, pescadores experientes que saem regularmente em alto-mar relataram ter avistado luzes pulsantes que emergiam da superfície do Oceano Atlântico. Alguns descrevem o fenômeno como "esferas luminosas", que executavam movimentos circulares coordenados, quase como se estivessem "dançando" entre si. Alarmados pelos relatos, as Forças Armadas deslocaram uma embarcação para investigar a área, em busca de qualquer sinal de equipamento, nave ou possível ameaça à soberania nacional. Contudo, não foram encontrados destroços nem qualquer indício material que explicasse as luzes. O evento chamou a atenção não apenas de ufólogos, mas de pesquisadores ligados à oceanografia e meteorologia, que tentaram correlacionar o fenômeno com descargas de gás metano, bioluminescência marinha ou até reflexos de satélites em baixa órbita. Até o momento, nenhuma das hipóteses naturais conseguiu explicar satisfatoriamente a sincronia e a intensidade das luzes avistadas.

3.3. Rio de Janeiro, RJ - Junho de 2024

Em plena alta temporada turística, pessoas na praia de Copacabana testemunharam, ao anoitecer, um objeto luminoso pairando no céu por cerca de 10 minutos. De acordo com vídeos amadores divulgados nas redes sociais, o brilho do objeto era intenso e uniforme, sem piscar ou alterar a cor. Subitamente, o objeto moveu-se em direção ao oceano, desaparecendo de forma tão rápida que muitos compararam a cena a um "traço de luz" sobre a superfície. Nenhum som de turbinas ou rotores foi ouvido, gerando especulações de uma tecnologia de propulsão exótica. Especialistas do setor aeroespacial mencionaram que até mesmo drones de alta performance têm limitações de altitude e ruído, além de não serem capazes de manter uma imobilidade tão prolongada ou uma aceleração tão abrupta.

Com isso, o caso tornou-se destaque em grupos de pesquisa ufológica, que argumentam que se trata de um exemplo claro de UAP com capacidades além das aeronaves convencionais.

3.4. Porto Alegre, RS - Novembro de 2024

O relato mais surpreendente aconteceu próximo ao à Lagoa dos Patos, sendo conhecida por seu tráfego de embarcações de pesca e lazer. Durante um voo comercial que sobrevoava a área, passageiros e tripulantes notaram um "disco" prateado voando próximo à fuselagem. Simultaneamente, pescadores à beira do lago observaram o mesmo objeto entrar na água a uma velocidade aparentemente incompatível com qualquer veículo aquático conhecido, criando um rastro luminoso na superfície. Testemunhas relataram que o "disco" mergulhou sem gerar forte ondulação ou barulho significativo. O radar de controle de tráfego aéreo não registrou qualquer aeronave não identificada naquele momento, o que reforça o enigma. Embora buscas locais tenham sido realizadas para descartar a hipótese de algum teste militar ou protótipo, nenhuma pista foi encontrada. Como resultado, o incidente ampliou as discussões sobre possíveis veículos "transmídia" (capazes de transitar entre ar e água com facilidade) e sobre a urgência de intensificar pesquisas em monitoramento subaquático.

3.5 Especulações

Os eventos acima, distribuídos ao longo do ano de 2024 em diferentes pontos do litoral brasileiro, corroboram a noção de que o país ocupa uma posição estratégica no cenário ufológico. Fatores como a extensa costa atlântica, a biodiversidade marinha e a presença de anomalias magnéticas em algumas regiões podem atrair ou evidenciar fenômenos não identificados. Além disso, a variedade de testemunhas – desde pessoas ligadas ao meio acadêmico até profissionais de aviação – aumenta a credibilidade dos relatos, instigando autoridades e pesquisadores a considerarem tanto hipóteses científicas quanto a possibilidade de inteligência não humana em ação.

Enquanto as explicações definitivas não surgem, o público permanece dividido entre a busca por respostas concretas e o fascínio diante de ocorrências que extrapolam nosso conhecimento atual de tecnologia e natureza. O chamado à investigação permanece, convidando cientistas, militares e civis a olharem com mais atenção para as águas profundas e o céu noturno em busca de elucidação.

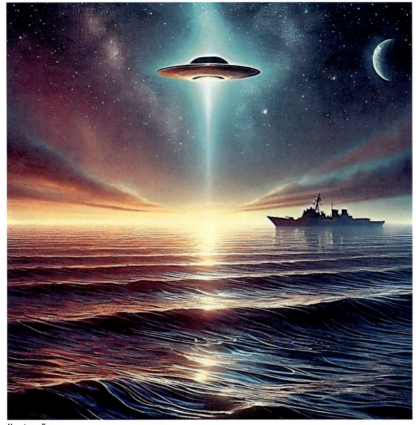
Ilustração

CAPÍTULO 4: O MAR COMO POSSÍVEL ORIGEM OU ROTA

Uma das principais hipóteses em discussão, tanto no meio ufológico quanto em setores da comunidade científica, é a de que o **oceano forneceria um abrigo quase perfeito para atividades de UAPs** (Fenômenos Aéreos Não Identificados). A **imensidão** e a **profundidade** dos mares, somadas ao fato de que apenas uma pequena fração da topografia e das dinâmicas marinhas foi devidamente mapeada, tornam essas regiões **praticamente inacessíveis** à maior parte da tecnologia de vigilância atual. Assim, os oceanos se tornam cenários ideais para possíveis operações que exijam **sigilo**, **abastecimento** energético ou mesmo **teste** de sistemas de propulsão e navegação avançados.

4.1. Teoria de Bases Submersas

Uma das abordagens mais intrigantes no estudo de UAPs propõe que esses objetos possam operar a partir de "bases submersas" em áreas de grande profundidade, como fendas tectônicas, dorsais oceânicas ou golfos pouco vigiados. Esta teoria é a que mais identifico como totalmente plausível, inclusive sendo abordada no Filme "O Segredo do Abismo" (título original: "The Abyss", lançado em 1989, dirigido por James Cameron e produzido/distribuído pela 20th Century Fox, cuja trama aborda, entre outros temas, a possibilidade de inteligências não humanas abrigadas em profundezas oceânicas). A presença de anomalias gravitacionais e magnéticas em regiões específicas – notadamente no Atlântico Sul – há muito tempo desperta a curiosidade de geólogos, ufólogos e até de setores militares: Segundo essa teoria, pontos de confluência de placas tectônicas ou "pontos quentes" (hotspots vulcânicos) seriam locais propícios para a construção ou ocultação de estruturas, aproveitando as barreiras naturais e as dificuldades de acesso humano. Muitos especulam que UAPs poderiam se abastecer com energia geotérmica ou mineral, existente em abundância em determinados pontos do fundo marinho. Essa possibilidade explicaria os relatos de luzes intensas ou de perturbações eletromagnéticas na água, sinal de atividades tecnológicas subterrâneas.

    A vastidão do oceano oferece uma cobertura natural contra detecções por satélite, radar ou aviões de reconhecimento, tornando a logística de vigilância subaquática muito mais complexa do que a do espaço aéreo.

4.2. Exploração de Recursos Energéticos

Relatos de fenômenos luminosos acompanhados de descargas elétricas e pulsos eletromagnéticos levaram alguns pesquisadores a propor que os UAPs fariam uso de recursos energéticos oceânicos para alimentação de seus sistemas. As hipóteses mais comuns incluem: **Energia Térmica das Correntes**, considerando que certas correntes marítimas, como a Corrente do Golfo no Atlântico Norte ou a Corrente do Brasil no Atlântico Sul, carregam grandes quantidades de calor. Tecnologias hipotéticas avançadas poderiam converter essa energia térmica em eletricidade ou em algum tipo de propulsão exótica; **Campos Magnéticos Subterrâneos**, estes devidos às zonas com intensa atividade vulcânica, como as dorsais mesoatlânticas, geram campos magnéticos irregulares. Algumas teorias sugerem que UAPs poderiam tirar proveito dessas anomalias para orientar-se, camuflar-se ou mesmo extrair energia elétrica; **Bioluminescência Artificial**, pois em alguns eventos, o mar foi visto brilhar de forma incomum, como se refletisse uma luz interna. Especula-se que, além de fenômenos naturais (por exemplo, micro-organismos bioluminescentes), poderia haver emissões luminosas artificiais ligadas ao uso de tecnologias subaquáticas avançadas.

4.3. Rota de Passagem

Outra linha de investigação argumenta que os UAPs não necessariamente operam a partir do fundo do mar, mas o utilizam como rota de passagem: **Evitar Detecção,** pois a maioria dos sistemas de vigilância global, como radares de longo alcance, está voltada para o espaço aéreo ou para áreas continentais. Voar rente à superfície ou mesmo se submergir nos oceanos ofereceriam rotas com baixo risco de detecção, especialmente em regiões distantes das rotas comerciais ou de presença militar constante; **Velocidades e Profundidades Extremas,** uma vez que alguns relatos de USOs (Objetos Submersíveis Não Identificados) indicam que esses veículos são capazes de se locomover em profundidades acima do que a tecnologia humana atual permite, e a velocidades surpreendentes, sem sofrer danos estruturais aparentes; **Conexões Intercontinentais,** dada a dimensão dos oceanos, seria teoricamente possível que UAPs percorressem longas distâncias abaixo do nível do mar, passando de um continente a outro sem serem rastreados. Esse fator poderia explicar avistamentos em pontos do globo muito distantes entre si, mas registrados em curtos intervalos de tempo.

Enquanto não surgem provas concretas da existência de bases submersas ou de tecnologias de propulsão subaquática ultrassofisticadas, essas teorias encontram sustento em evidências indiretas: avistamentos consistentes relatados por marinheiros, pescadores e pilotos, aliadas às condições únicas do ambiente oceânico, formam uma combinação que estimula investigações e pesquisas de campo. Mesmo que algumas hipóteses se revelem exageradas, o fato é que o oceano permanece implacavelmente inexplorado, abrigando ecossistemas e dinâmicas naturais ainda pouco compreendidos – cenários perfeitos para que UAPs, caso existam em escala global, se estabeleçam fora do nosso alcance comum.

Ilustração

CAPÍTULO 5: INVESTIGAÇÃO E PERSPECTIVAS FUTURAS

O aumento global dos avistamentos de UAPs, sobretudo em áreas costeiras, evidencia a necessidade de investigações mais abrangentes e de uma cooperação internacional efetiva. Embora iniciativas como a do AARO (All-domain Anomaly Resolution Office), nos Estados Unidos, e parcerias pontuais entre Marinhas de diferentes países representem passos importantes, a complexidade do fenômeno UAP vai além das fronteiras nacionais e exige uma abordagem multidisciplinar, envolvendo órgãos de defesa, meio acadêmico, setor privado e a sociedade civil em geral. Esse contexto amplia as demandas por transparência de dados e pela integração de esforços de pesquisa.

5.1. Cooperação Internacional

A troca de informações entre **órgãos de defesa**, **universidades** e **organizações civis** é fundamental para compor um quadro mais completo sobre a **trajetória** e as **características** dos UAPs. Alguns pontos-chave: **Rede Global de Observação,** para o compartilhamento de dados permitiria o rastreamento simultâneo de fenômenos em diferentes pontos do globo. Isso pode incluir bancos de dados comuns, onde sejam registrados horários, coordenadas, características de voo ou mergulho e possíveis interações com sistemas de radar; **Normas de Padronização,** para melhorar a confiabilidade das análises, seria necessário **padronizar** protocolos de relatório (como ocorre no setor aéreo), de modo que pilotos, pescadores ou mesmo cidadãos comuns possam registrar com clareza e consistência qualquer evento anômalo; **Apoio de Entidades Internacionais,** com o envolvimento de organizações como a **ONU** ou consórcios científicos internacionais (p. ex., **ESA** na Europa ou **CONAE** na América Latina) poderia conferir maior legitimidade às pesquisas, além de oferecer infraestrutura técnica e jurídica para lidar com possíveis descobertas sensíveis.

5.2. Desenvolvimento de Sensores Submersíveis

Atualmente, a maior parte do monitoramento voltado a UAPs concentra-se em satélites e radares aéreos, projetados para observar o céu e a órbita baixa da Terra. Pouquíssimas são as iniciativas dedicadas especificamente às grandes profundidades oceânicas. Investir em sensores subaquáticos de longo alcance apresenta as seguintes vantagens: **Cobertura de Áreas Inexploradas,** considerando que cerca de 70% da superfície do planeta coberta por água, regiões abissais permanecem praticamente fora do escopo de detecção contínua. Sensores especializados – desde hidrofones de alta sensibilidade até sistemas de mapeamento tridimensional – poderiam identificar variações de temperatura, pressão e magnetismo, além de eventuais sons incomuns; **Investigação de USOs (Objetos Submersíveis Não Identificados)**, com sistemas que seriam cruciais para confirmar ou descartar a presença de possíveis "rotas" e "bases" submersas. Uma rede de estações autônomas, dotadas de comunicação via satélite, poderia rastrear movimentações submarinas pouco convencionais; **Desafios Tecnológicos,** uma vez que o desenvolvimento e a manutenção de sensores submersíveis em grandes profundidades envolvem barreiras técnicas (pressão extrema, corrosão, transmissão de dados lenta), além de custos elevados. Essa realidade reforça a necessidade de consórcios internacionais para viabilizar pesquisas robustas e de longo prazo.

5.3. Aplicação de Inteligência Artificial

A quantidade massiva de dados que envolve estudos de UAPs – oriundos de radares, satélites, câmeras, hidrofones, estações meteorológicas e relatos populares – torna praticamente inviável uma análise completa feita exclusivamente por seres humanos. Nesse cenário, a IA desempenha papel central: **Machine Learning em Dados Multivariados,** com Ferramentas de aprendizado de máquina podem ser treinadas para reconhecer padrões em bancos de dados gigantescos, cruzando variáveis como condições climáticas, intensidade de tráfego aéreo, registros de sonar, imagens de satélite e relatos civis. Ao detectar anomalias simultâneas em múltiplas frentes, a IA poderia identificar eventos de alta relevância; **Alerta Precoce**, se integrados em tempo real, esses sistemas poderiam funcionar como um "alerta antecipado", notificando órgãos competentes quando há convergência de sinais incomuns – por exemplo, um objeto que cruza espaço aéreo e marítimo em velocidade atípica, acompanhado de alterações de campo magnético; **Transparência e Atualização Constante,** pois os Modelos de IA precisam de atualizações e revalidações frequentes para evitar vieses e manter a assertividade. Em uma estrutura aberta e colaborativa, pesquisadores do mundo inteiro poderiam contribuir com ajustes e novas bases de dados, refinando continuamente a eficiência desses algoritmos.

5.3.I Transparência e Engajamento Público

Além dos esforços técnicos e científicos, há uma dimensão social e política crucial: sem transparência governamental e engajamento do público, a pesquisa sobre UAPs tende a permanecer em um limbo de especulações e estigmas. **Relatórios Anuais e Fóruns Abertos**, para divulgar periodicamente resultados de investigações, ainda que preliminares, aproxima a comunidade científica das agências governamentais. Fóruns internacionais e conferências abertas permitiriam comparar achados e reduzir disputas de credibilidade; **Discussões Multissetoriais**, com a participação de cientistas, militares, representantes civis e organizações não governamentais em grupos de trabalho sobre UAPs promoveria uma visão ampla, que abrange tanto a segurança nacional quanto o interesse público em desvendar fenômenos desconhecidos; **Educação e Mídia**, a fim de incentivar coberturas jornalísticas de qualidade, que vão além do sensacionalismo, ajuda a popularizar o tema sem cair em desinformações. Em paralelo, inserir debates sobre ciência, tecnologia e fenômenos anômalos em escolas e universidades pode inspirar novos pesquisadores a se dedicarem a essa área de fronteira.

5.4. Futuro

O futuro das investigações sobre UAPs depende de **abordagens integradas** e **colaborativas**. Enquanto cada nação, ou mesmo cada instituição, agir de forma isolada, continuaremos a lidar com lacunas cruciais de informação. A chave para resolver ao menos parte do enigma está em unir **conhecimento científico**, **inovação tecnológica** e **vontade política**. Somente assim será possível avançar de forma substancial no entendimento de um fenômeno que, a cada dia, mostra-se mais complexo e global do que se supunha – especialmente nas áreas litorâneas e marítimas, onde vastas porções do nosso planeta permanecem subexpostas ao escrutínio humano.

Ilustração

CAPÍTULO 6: DOCUMENTO – DECLARAÇÃO DE OFICIAL DA U.S. NAVY (16 DE DEZEMBRO DE 2024)

No dia 16 de dezembro de 2024, veio a público um documento atribuído a um informante da U.S. Navy, que compartilhou uma declaração destinada à imprensa. O conteúdo, conforme texto original em inglês, segue na íntegra abaixo. A veracidade do material não pôde ser confirmada por fontes independentes, mas sua circulação entre pesquisadores e entusiastas de UAPs/OVNIs tem sido intensa. Pelos relatos, o autor refere-se a si mesmo como "U.S. Navy X".

Documento na Íntegra (em Inglês):

"*16 December 2024*

FOR IMMEDIATE RELEASE

Statement on the release of The Program and the need for UAP and NHI transparency

Over the course of a normal human life, the possibility of simultaneously doing the right thing and advocating for transparency on the most monumental issue facing humanity is rare. Rarer still is the chance of doing so alongside someone who has made it his life's work to push for the truth via those intricately connected to that reality. It has been one of the greatest honors of my life to work with James Fox and appear in The Program to help him accomplish his mission of letting people know that truth–that humanity is not alone.

To that end, I am releasing this statement upon the release of the documentary to clarify important matters and call for UAP transparency from the United States government. All the points I make below are demonstrably true, and I have been in a position either to know or validate these facts, both in and out of uniform.

Unidentified anomalous phenomenon, or UAP, are real. While some may be prosaic in origin, the United States government also has proof of UAP that can only resolve in assessments to craft and devices of non-human intelligence (NHI) origin. We do have the evidence, and, contrary to some statements, it is verifiable.

The United States government, specifically the Department of Defense and the Intelligence Community, has high-definition footage of these NHI craft performing flight and transmedium operations that defy the normal physics associated with human-manufactured craft. I have seen such high-definition footage with my own eyes. Numerous briefings, pictures, and videos remain classified, demonstrating those UAP of non-human origin, and are subsequently kept from the public and from science. That is both abhorrent and immoral. Such footage includes examples of NHI craft, as well as transmedium orbs, some of which have been filmed not only in HD but in full color in broad daylight. One such video including those parameters features an orb coming out of the water in the northern Persian Gulf and flying antigravitically before being joined by another such orb coming out of nowhere and then flying off while the first orb continued to be tracked. Both orbs had a white, shimmering plasma-like appearance, with no sound, wings, rotors, or any other such features of human-made propulsion. Other footage features remarkably close and erratic movements alongside our national assets. In one such instance relayed to me by a reputable, highly cleared member of the IC, an aggressive orb forced a drone operator to take evasive action and matched its descent and speed every step of the way on the drone's right wing before eventually zipping off. This was recorded in 4K resolution or better. Congress should demand that such footage be shown to them in hearings as well as released for the public record. Close approaches of Russian and Chinese aircraft to US aircraft are often released the next day, but these very revealing video files continue to be suppressed.

Members of Congress, and some presidents, have been lied to about these evidentiary materials and the very nature of our place in the universe for decades. They have been treated as "temporary employees" without a need to know when, in fact, they are elected officials responsible for the oversight and leadership of the United States. Additionally, whistleblowers have been threatened, some with threats of arrest or harm to themselves or family members. Many want to come forward and some have, while others remain afraid for themselves and those close to them. This must be rectified by Congress and a more transparent and supportive executive branch.

Congress must now do its part and hold substantive hearings with those involved in the DoD, IC, executive branch, and aerospace companies to hold those responsible for this concealment effort to account. While the aims of the Greatest Generation may have been done in earnest many decades ago, the time has come for our elected leaders and the public to know the truth about NHI, their activities on this planet, and any other related matter that can be revealed. Doing so will not harm national security; on the contrary, it will strengthen it. Not doing so will only increase the chances of strategic surprise from nation-state adversaries or the NHI themselves and will harm vital U.S. interests as a result. The United States must lead the way.

Leadership in Congress should support the creation of a select committee on UAP/NHI disclosure with subpoena powers in tandem with serious declassification efforts from the executive branch. It is time.

This will be my only statement, and I will not appear in interviews or podcasts as overall disclosure is more important, but I want people to know that I remain steadfast in my support for NHI disclosure behind the scenes. It has truly been an honor and a privilege to network and speak with disclosure proponents, witnesses, Congressional staffers, and others dedicated to revealing the greatest development in human history. We are not alone in the cosmos, nor are we alone on this planet—the process of making this truth available to the public continues.

U.S. Navy X

###ᵖ

Tradução para a Língua Portuguesa:

"*16 de dezembro de 2024*

PARA DIVULGAÇÃO IMEDIATA

Declaração sobre o lançamento de The Program e a necessidade de transparência a respeito de UAP e NHI

Ao longo de uma vida humana normal, é raro haver a possibilidade de, ao mesmo tempo, fazer a coisa certa e defender a transparência sobre a questão mais monumental que a humanidade enfrenta. Mais rara ainda é a chance de fazê-lo ao lado de alguém que fez de sua vida um trabalho contínuo de buscar a verdade por meio das pessoas intimamente conectadas a essa realidade. Foi uma das maiores honras da minha vida trabalhar com James Fox e aparecer em The Program, ajudando-o a cumprir sua missão de divulgar às pessoas essa verdade – de que a humanidade não está sozinha.

Nesse sentido, publico esta declaração no momento do lançamento do documentário para esclarecer assuntos importantes e pedir transparência do governo dos Estados Unidos em relação a UAP. Todos os pontos que faço a seguir são comprovadamente verdadeiros, e estive em posição de saber ou validar esses fatos, tanto dentro quanto fora do serviço militar.

Fenômenos anômalos não identificados, ou UAP (Unidentified Anomalous Phenomena), são reais. Embora alguns possam ter origem prosaica, o governo dos Estados Unidos também possui provas de UAP que só podem ser explicadas como naves e dispositivos de origem de inteligência não-humana (NHI). Temos essas evidências e, ao contrário de certas declarações, elas são verificáveis.

O governo dos Estados Unidos, especificamente o Departamento de Defesa e a Comunidade de Inteligência, possui gravações em alta definição dessas naves de inteligência não-humana realizando voos e operações transmidiáticas que desafiam a física normal associada a naves fabricadas por humanos. Eu mesmo vi essas gravações em alta definição com meus próprios olhos. Inúmeros relatórios, fotos e vídeos permanecem classificados, demonstrando a existência de UAP de origem não-humana, e, consequentemente, são mantidos distantes do público e da comunidade científica. Isso é ao mesmo tempo abominável e imoral. Tais gravações incluem exemplos de naves de inteligência não-humana, assim como esferas transmidiáticas ("orbs"), algumas filmadas não apenas em alta definição, mas em cores e em plena luz do dia. Um desses vídeos, com essas características, mostra uma esfera emergindo da água no norte do Golfo Pérsico e voando de maneira antigravitacional, até ser acompanhada por outra esfera que surge do nada e depois vai embora, enquanto a primeira continua sendo rastreada. Ambas as esferas tinham uma aparência branca, tremeluzente, semelhante a plasma, sem som, asas, rotores ou qualquer outra característica de propulsão humana. Outras imagens mostram movimentos notavelmente próximos e erráticos ao lado de nossos ativos nacionais. Em um desses casos, relatado a mim por um membro da IC (Comunidade de Inteligência) altamente confiável e autorizado, uma esfera "agressiva" obrigou um operador de drone a fazer uma manobra evasiva e acompanhou sua descida e velocidade em cada etapa, posicionando-se na asa direita do drone antes de finalmente se afastar rapidamente. Isso foi gravado em resolução 4K ou superior. O Congresso deveria exigir que essas filmagens fossem apresentadas em audiências e divulgadas no registro público. Aproximações perigosas de aeronaves russas e chinesas em relação a aeronaves dos EUA geralmente são divulgadas no dia seguinte, mas esses arquivos de vídeo, altamente reveladores, continuam ocultos.

Membros do Congresso e alguns presidentes têm sido enganados por décadas acerca desses materiais de evidência e sobre a própria natureza do nosso lugar no universo. Eles foram tratados como "funcionários temporários", sem necessidade de saber, quando na verdade são autoridades eleitas responsáveis pela supervisão e liderança dos Estados Unidos. Além disso, denunciantes têm sido ameaçados, alguns com ameaças de prisão ou de dano a si mesmos ou a seus familiares. Muitos querem se apresentar e alguns o fizeram, enquanto outros permanecem com medo por si mesmos e por seus entes queridos. Isso precisa ser corrigido pelo Congresso e por um Poder Executivo mais transparente e solidário.

O Congresso agora deve cumprir sua responsabilidade e realizar audiências substanciais com as pessoas envolvidas no Departamento de Defesa, na Comunidade de Inteligência, no Poder Executivo e nas empresas aeroespaciais, a fim de responsabilizar quem conduziu este esforço de encobrimento. Embora as intenções da "Maior Geração" (Greatest Generation) pudessem ter sido legítimas muitas décadas atrás, chegou o momento de nossos líderes eleitos e do público saberem a verdade sobre a NHI, suas atividades neste planeta e qualquer outro assunto relacionado que possa ser revelado. Fazer isso não prejudicará a segurança nacional; ao contrário, irá fortalecê-la. Não fazê-lo apenas aumentará a probabilidade de uma surpresa estratégica por parte de adversários estatais ou das próprias inteligências não-humanas, prejudicando, como resultado, interesses vitais dos EUA. Os Estados Unidos devem liderar esse processo.

A liderança no Congresso deve apoiar a criação de um comitê especial sobre divulgação de UAP/NHI, com poderes de intimação, em conjunto com esforços sérios de desclassificação por parte do Poder Executivo. Chegou a hora.

Esta será minha única declaração, e não participarei de entrevistas ou podcasts, pois a divulgação como um todo é mais importante. Mas quero que as pessoas saibam que continuo firme em meu apoio à divulgação sobre inteligências não-humanas, trabalhando por trás dos bastidores. Tem sido verdadeiramente uma honra e um privilégio me conectar e conversar com defensores da divulgação, testemunhas, assessores do Congresso e outras pessoas dedicadas a revelar o maior acontecimento da história humana. Não estamos sozinhos no cosmos, nem estamos sozinhos neste planeta – o processo de tornar essa verdade acessível ao público continua.

U.S. Navy X

###

Documento Original está colacionado na página a seguir:

16 December 2024

FOR IMMEDIATE RELEASE

Statement on the release of *The Program* and the need for UAP and NHI transparency

Over the course of a normal human life, the possibility of simultaneously doing the right thing and advocating for transparency on the most monumental issue facing humanity is rare. Rarer still is the chance of doing so alongside someone who has made it his life's work to push for the truth via those intricately connected to that reality. It has been one of the greatest honors of my life to work with James Fox and appear in *The Program* to help him accomplish his mission of letting people know that truth—that humanity is not alone.

To that end, I am releasing this statement upon the release of the documentary to clarify important matters and call for UAP transparency from the United States government. All the points I make below are demonstrably true, and I have been in a position either to know or validate these facts, both in and out of uniform.

1. Unidentified anomalous phenomenon, or UAP, are real. While some may be prosaic in origin, the United States government also has proof of UAP that can only resolve in assessments to craft and devices of non-human intelligence (NHI) origin. We do have the evidence, and, contrary to some statements, it is verifiable.
2. The United States government, specifically the Department of Defense and the Intelligence Community, has high-definition footage of these NHI craft performing flight and transmedium operations that defy the normal physics associated with human-manufactured craft. I have seen such high-definition footage with my own eyes. Numerous briefings, pictures, and videos remain classified, demonstrating these UAP of non-human origin, and are subsequently kept from the public and from science. That is both abhorrent and immoral. Such footage includes examples of NHI craft, as well as transmedium orbs, some of which have been filmed not only in HD but in full color in broad daylight. One such video including those parameters features an orb coming out of the water in the northern Persian Gulf and flying antigravitically before being joined by another such orb coming out of nowhere and then flying off while the first orb continued to be tracked. Both orbs had a white, shimmering plasma-like appearance, with no sound, wings, rotors, or any other such features of human-made propulsion. Other footage features remarkably close and erratic movements alongside our national assets. In one such instance relayed to me by a reputable, highly cleared member of the IC, an aggressive orb forced a drone operator to take evasive action and matched its descent and speed every step of the way on the drone's right wing before eventually zipping off. This was recorded in 4K resolution or better. Congress should demand that such footage be shown to them in hearings as well as released for the public record. Close approaches of Russian and Chinese aircraft to US aircraft are often released the next day, but these very revealing video files continue to be suppressed.
3. Members of Congress, and some presidents, have been lied to about these evidentiary materials and the very nature of our place in the universe for decades. They have been treated as "temporary employees" without a need to know when, in fact, they are elected officials responsible for the oversight and leadership of the United States. Additionally, whistleblowers have been threatened, some with threats of arrest or harm to themselves or family members. Many want to come forward and some have, while others remain afraid for themselves and those close to them. This must be rectified by Congress and a more transparent and supportive executive branch.
4. Congress must now do its part and hold substantive hearings with those involved in the DoD, IC, executive branch, and aerospace companies to hold those responsible for this concealment effort to account. While the aims of the Greatest Generation may have been done in earnest many decades ago, the time has come for our elected leaders and the public to know the truth about NHI, their activities on this planet, and any other related matter that can be revealed. Doing so will not harm national security; on the contrary, it will strengthen it. Not doing so will only increase the chances of strategic surprise from nation-state adversaries or the NHI themselves and will harm vital U.S. interests as a result. The United States must lead the way.
5. Leadership in Congress should support the creation of a select committee on UAP/NHI disclosure with subpoena powers in tandem with serious declassification efforts from the executive branch. It is time.

This will be my only statement, and I will not appear in interviews or podcasts as overall disclosure is more important, but I want people to know that I remain steadfast in my support for NHI disclosure behind the scenes. It has truly been an honor and a privilege to network and speak with disclosure proponents, witnesses, Congressional staffers, and others dedicated to revealing the greatest development in human history. We are not alone in the cosmos, nor are we alone on this planet—the process of making this truth available to the public continues.

U.S. Navy X

###

6.1 Considerações sobre o Documento - Declaração de Oficial da U.S. Navy (16 de Dezembro de 2024)

O primeiro ponto da declaração afirma que os UAPs são reais e que os Estados Unidos teriam provas de que parte desses fenômenos está associada a dispositivos de origem não humana. Essa menção aponta para uma distinção clara: embora existam UAPs de origem possivelmente convencional ou "prosaica", o autor indica que parte deles só pode ser explicada por tecnologias que não se encaixam no conhecimento atual da humanidade. Implicações e Relevância: **Coloca em xeque teorias que atribuem todos os UAPs a drones, aeronaves secretas, fenômenos atmosféricos ou fraudes; Sugere que ao menos uma fração dos avistamentos teria origem genuinamente fora de nossa engenharia – "não humana"; Reforça o clamor público por comprovações (fotos, vídeos, relatórios técnicos) que atestem tais afirmações.**

O texto enfatiza que o governo dos EUA – especificamente o Departamento de Defesa e a Comunidade de Inteligência – possuiria filmagens de alta definição de objetos e orbes "transmídia" (atuando no ar e na água) que desafiariam as leis da física convencional. O autor, inclusive, afirma ter visto tais imagens pessoalmente. Portanto, se há, de fato, vídeos e briefings classificados demonstrando naves de alta performance e natureza não-humana, isso sugere um grau de conhecimento oficial muito acima do que se divulga publicamente. A menção a "*transmedium operations*" indica que alguns UAPs operariam tanto em atmosfera quanto submersos, em linha com hipóteses de bases subaquáticas ou veículos "transmídia". Aponta para um potencial "remoção de acesso" a cientistas e ao público, chamando a prática de "ambígua, imoral e contrária ao interesse da humanidade".

Um dos trechos mais contundentes é o que diz que membros do Congresso, bem como certos presidentes, teriam sido enganados ou mantidos sem acesso às evidências. Além disso, fala-se em ameaças a denunciantes e familiares, criando uma atmosfera de intimidação e silenciamento.

Implicações e Relevância: Indica um alto nível de compartimentação, já que mesmo indivíduos eleitos, com acesso teórico a informações classificadas, estariam sendo mantidos à margem de "programas" ou "materiais" críticos sobre UAPs; Levanta questões constitucionais e de governança: se representantes públicos não têm controle sobre programas desta magnitude, quem detém o verdadeiro poder de decisão? Sugere ainda uma cultura de sigilo que não apenas inibe a divulgação, mas pune ativamente aqueles que tentam revelar materiais internos.

O autor insta o Congresso dos EUA a realizar audiências substanciais com membros do Departamento de Defesa, Comunidade de Inteligência e empresas aeroespaciais que teriam participação em esforços de encobrimento. Ele alega que a época do "segredo de guerra fria" já teria passado, e que a revelação sobre Inteligências Não-Humanas (NHI) não prejudicaria a segurança nacional – ao contrário, poderia fortalecê-la. Critica um suposto "conglomerado" de forças governamentais e privadas que retêm conhecimentos sobre tecnologias de origem desconhecida. Aponta para a necessidade de responsabilizar não apenas o aparato estatal, mas também corporações que supostamente estariam envolvidas em pesquisa e acobertamento de avanços tecnológicos. Faz um alerta sobre riscos de "surpresa estratégica" caso adversários ou as próprias NHI disponham de tecnologias avançadas sem que a sociedade tenha preparo ou entendimento mínimo.

O texto solicita a formação de um comitê no Congresso com poderes de intimação e acompanhada por desclassificação efetiva de documentos e materiais visuais. Esse pedido reforça a ideia de que haja vasto conjunto de provas retidas – possivelmente relatórios, vídeos, fotos e peças de engenharia – que poderiam fundamentar uma "revelação oficial". Sinaliza que, sem instrumentos legais (*subpoena powers*) e sem desclassificação em larga escala, as investigações e audiências poderiam se tornar apenas protocolos vazios. Abre espaço para pressões políticas e jurídicas, caso o tema ganhe ressonância na sociedade e no legislativo, exigindo divulgação de informações cruciais. Alimenta o debate sobre até que ponto certas tecnologias devem ou não permanecer protegidas por razões de segurança nacional.

Por fim, o autor (U.S. Navy X) deixa claro que este seria seu único pronunciamento, garantindo apoio incondicional à divulgação de informações sobre NHI. Ele destaca que a importância do assunto supera entrevistas e aparições públicas, sugerindo que a discussão deve ser institucionalizada de maneira transparente. Indica que existem múltiplos atores "por trás das cortinas" desejando abrir o debate, mas temerosos das consequências. Mostra que a "*disclosure*" (divulgação) já não é apenas um tema marginal, podendo impactar diretamente a política, a defesa e a ciência. Realça a ideia de que estamos diante de algo potencialmente transformador para a história humana, segundo a ótica do autor.

De forma geral, a declaração questiona a estrutura de poder e compartimentação dentro do governo dos Estados Unidos, especialmente no que diz respeito a programas e materiais associados a objetos de origem não-humana. Se verídico, o texto aponta para:

- Envolvimento profundo de setores de defesa e inteligência em estudos de UAPs com tecnologia avançada.

- Falta de transparência deliberada, atingindo até mesmo altos escalões do poder político.

- Chamado urgente à organização do Congresso para investigar, responsabilizar e divulgar materiais retidos.

- Impacto global, pois, caso confirmadas, essas tecnologias ou entidades não humanas transcendem as fronteiras dos EUA e concernem toda a humanidade.

Naturalmente, a legitimidade do documento ainda é questionada por parte da comunidade ufológica e pela sociedade em geral, já que não há confirmação oficial de sua procedência pelas agências de defesa dos EUA. Contudo, seu conteúdo está em sintonia com relatos recentes de denunciantes que vêm a público nos últimos anos, pleiteando um processo de divulgação mais amplo, tanto no Congresso americano quanto em organismos internacionais. E, no momento, o que falta e a transparência das autoridades. O Mundo precisa evoluir, compreender e há muito para descobrir.

Em síntese, esse tipo de declaração – existindo ou não evidências cabais – estimula a abertura de investigações independentes e pressiona a comunidade política a tratar do tema UAP com seriedade. Se, de fato, há provas concretas de naves ou dispositivos de origem não-humana, a humanidade estaria diante de uma mudança de paradigma científico e cultural sem precedentes. Enquanto a autenticidade do documento permanece incerta, seu conteúdo é uma manifestação clara do anseio crescente por transparência, responsabilidade e colaboração global no que diz respeito a fenômenos que podem redefinir nosso entendimento de tecnologia, vida e civilização.

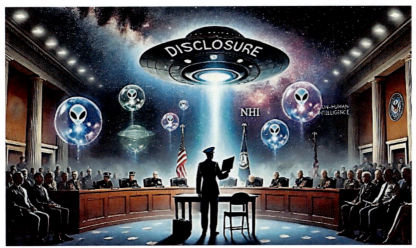

Ilustração

CAPÍTULO 7: DOCUMENTOS PUBLICADOS PELA U.S. NAVY NO SITE OFICIAL - DELETADO

NOTA DO AUTOR: Os documentos foram inicialmente divulgados no site oficial da Marinha dos EUA (.mil), dentro da FOIA Reading Room, e, apesar de uma remoção temporária, foram posteriormente liberados oficialmente. Esses registros descrevem encontros com objetos de velocidades inatingíveis, interações diretas com embarcações e capacidades tecnológicas desconhecidas. Todas as informações e imagens incluídas neste livro foram obtidas de fontes públicas previamente disponibilizadas, sem qualquer acesso não autorizado, com o propósito de informar e estimular o debate sobre os fenômenos mencionados. Os documentos analisados estão disponíveis no site The War Zone, liberados oficialmente pela FOIA Reading Room.

Inicialmente, cumpre esclarecer que os documentos que agora serão analisados foram publicados no site que pertence ao Departamento da Marinha dos Estados Unidos (*U.S. Department of the Navy*), conforme indicado pelo domínio oficial ".mil", que é reservado para entidades militares do governo dos EUA. Os documentos mencionados são parte da *Freedom of Information Act (FOIA) Reading Room*, um espaço destinado à publicação de registros e documentos que foram solicitados ao governo americano por meio da FOIA, incluindo informações sobre UAPs (Fenômenos Aéreos Não Identificados). Todavia, como não havia classificação de confidencial nos mesmos, acabou tornando público tudo aquilo que na verdade a U.S. Navy jamais publicaria, ou seja, por um erro. Desta forma, quando o engano foi percebido, o link de acesso ao arquivo *.pdf* que tinha todos os referidos documentos foi retirado do ar. **Cumpre esclarecer que o Material aqui publicado é o que oficialmente foi liberado posteriormente, já com a indicação "*não classificado - unclassified*".**

Os eventos descritos ocorreram em uma série de datas, incluindo:

- Julho de 2019: Um dos principais períodos de atividade no Oceano Pacífico, com interações frequentes relatadas por múltiplos navios.

- Horas Noturnas: Grande parte dos eventos ocorreu entre 21h e 03h, período em que as condições de visibilidade são reduzidas, mas os objetos eram claramente visíveis devido à luminosidade própria.

A localização: Oceano Pacífico Oriental, em regiões próximas à costa da Califórnia, incluindo áreas ao largo de San Diego, foram identificadas como os principais locais de avistamentos.

Há menção específica a operações em áreas de treinamento militar, onde os UAPs foram observados interagindo diretamente com embarcações.

Navios de Guerra Envolvidos:

- USS Russell (DDG-59): Um Destroyer da classe Arleigh Burke relatou avistamentos de UAPs durante operações no Oceano Pacífico.

- O USS Russell é mencionado em interações próximas com objetos luminosos que pairaram acima da embarcação.

- USS Omaha (LCS-12): Este navio da classe Independence relatou a presença de objetos submersos não identificados (USOs) em proximidade.

- O USS Omaha registrou dados de sensores indicando movimentos em velocidades subaquáticas inatingíveis por submarinos modernos.

- USS Kidd (DDG-100): Destroyer da classe Arleigh Burke relatou avistamentos de UAPs na forma de esferas luminosas durante operações noturnas. A tripulação utilizou radares e sistemas óticos avançados para monitorar os objetos.

7.1 Descrição dos Eventos Relacionados a UAPs e USOs

Para descrever os eventos, vamos abordá-los ponto a ponto, a fim de facilitar a compreensão e sequência dos fatos, permitindo, assim, a construção de todas as narrativas.

Observação de Fenômenos no Oceano Pacífico: Documentos descrevem avistamentos de objetos realizando manobras aéreas e aquáticas. Os UAPs são relatados como capazes de entrar e sair da água sem causar perturbações significativas na superfície, indicando uma tecnologia avançada e incompreensível para padrões humanos atuais.

1. **Características dos USOs:**
   - Os USOs exibem velocidades incomuns de deslocamento subaquático, conforme registrado pelos sensores de navios de guerra. Esses objetos se movem em padrões não lineares, sugerindo inteligência ou controle avançado.
   - Há menções de detecção sonar indicando a presença de objetos em profundidades extremas, inatingíveis por submarinos convencionais.

2. **Interações com Navios de Guerra:**
   - Relatos indicam que os UAPs e USOs se aproximaram de embarcações militares, mantendo-se por algum tempo sob monitoramento ativo.
   - Navios descreveram situações onde sensores visuais e de radar registraram múltiplos contatos simultâneos, aumentando o nível de alerta das tripulações.
3. **Transição Ar-Água:**
   - Em vários pontos, os UAPs foram descritos como desaparecendo no mar ou emergindo rapidamente para o ar. A ausência de turbulência visível reforça a ideia de um meio de propulsão altamente eficiente.
4. **Reação de Sistemas Militares:**
   - Sistemas de defesa naval foram acionados em algumas ocasiões, mas sem sucesso na interceptação ou identificação precisa dos objetos. Isso sugere que esses fenômenos operam além da capacidade tecnológica atual.

Os documentos descrevem múltiplos avistamentos de UAPs por navios de guerra dos EUA em áreas estratégicas do Oceano Pacífico. Esses objetos foram relatados por tripulações como apresentando formas variáveis, incluindo esferas, cilindros e discos, muitas vezes brilhando intensamente ou exibindo superfícies reflexivas. Destacam-se ainda relatos de características aéreas incompatíveis com a nossa tecnologia conhecida, tais como velocidades extremamente altas, superiores a Mach 5 (cinco vezes a velocidade do som); capacidade de pairar completamente imóvel, mesmo em condições de vento forte; Alteração abrupta de direção em ângulos impossíveis para aeronaves convencionais. Também referiram que havia movimentos aparentemente coordenados em formação, com capacidade de evadir sensores e radares militares, demonstrando potencial furtivo avançado.

Os USOs são frequentemente relatados como sendo semelhantes aos UAPs, mas exibem comportamentos adaptados ao ambiente subaquático. Os relatos sugerem que esses objetos se movem em velocidades superiores a qualquer submarino conhecido, com estimativas entre 200 e 500 nós (aproximadamente 370 a 925 km/h); Alteram de direção sem desaceleração perceptível, ignorando a resistência da água que afeta veículos convencionais; Observados como formas escuras ou luminosas submersas, detectadas principalmente por sonares militares.

Em alguns casos, os USOs emergiram do fundo do oceano e entraram em voo diretamente.

7.2 Interações com Navios de Guerra

Houve registros de interação direta entre os UAPs/USOs e embarcações militares. Essas interações incluem:

Proximidade Perigosa: Relatos de objetos passando a poucos metros de navios, permanecendo na água ou no ar por períodos prolongados. Em algumas situações, os UAPs pareceram deliberadamente monitorar ou acompanhar as embarcações.

Impacto na Tripulação: Relatos de tripulações expressando preocupação ou espanto diante da sofisticação dos fenômenos. Decisões de reforço de protocolos de segurança e maior vigilância por parte dos oficiais.

Monitoramento Deliberado: Em diversas ocasiões, os UAPs/USOs pareciam exibir um comportamento intencional de observação, permanecendo próximos às embarcações por tempo suficiente para serem registrados por radares, sonares e câmeras ópticas avançadas. Este comportamento inclui: Acompanhamento de embarcações, já que os relatos relativos aos UAPs indicam que seguiam navios em rota, mantendo uma velocidade constante e igual à do alvo, sem sinais de esforço ou ruído; Interação com manobras humanas, uma vez que os objetos reagiam a mudanças na velocidade ou direção do navio, mantendo proximidade, o que sugere um nível avançado de percepção ambiental e controle.

Ilustração

7.3 Interações com Navios de Guerra

Uma das características mais impressionantes dos fenômenos relatados foi a transição fluida entre os meios aéreo e aquático:

Entrada na Água: Os UAPs mergulharam no mar em alta velocidade, sem criar ondas ou deslocar grandes volumes de água, como seria esperado. Essa entrada foi descrita como "quase imperceptível", com uma eficiência hidrodinâmica além do conhecimento humano.

Saída da Água: Os USOs emergiram diretamente do oceano, frequentemente alcançando altitudes elevadas em segundos. Relatórios indicam que os sistemas ópticos e de radar registraram os objetos durante essas transições, mas os dados frequentemente ficaram inconclusivos devido à velocidade e comportamento errático.

Ilustração

7.4 Reação de Sistemas Militares

Os sistemas de detecção e defesa dos navios de guerra reagiram às interações, mas com eficácia limitada:

Monitoramento e Registros: Uso de radares avançados, sonares e sensores ópticos para rastrear os fenômenos. Dados coletados indicaram uma assinatura de radar frequentemente pequena ou intermitente, dificultando o rastreamento contínuo.

Tentativas de Resposta: Em algumas ocasiões, aviões foram enviados para investigar os UAPs, mas não conseguiram alcançar ou acompanhar os objetos. **Nenhuma tentativa de interceptação teve sucesso, reforçando a ideia de que os UAPs operam em um domínio tecnológico além da capacidade atual.**

7.5 Parecer

Os documentos revisados descrevem de maneira consistente e detalhada interações entre fenômenos aéreos e subaquáticos não identificados (UAPs e USOs, respectivamente) e embarcações militares dos Estados Unidos no Oceano Pacífico. Esses eventos destacam padrões de comportamento que transcendem as capacidades tecnológicas conhecidas e desafiam explicações convencionais.

Os UAPs/USOs exibem características extraordinárias, como: no ar, velocidades superiores a Mach 5; na água, deslocamentos que excedem 500 nós, algo impensável mesmo para submarinos avançados; Capacidade de mudar de direção abruptamente, ignorando as limitações impostas pela resistência do ar ou da água. Os UAPs demonstram habilidades de transitar entre os meios aéreo e aquático sem perturbar significativamente o ambiente, sugerindo um controle avançado de energia e hidrodinâmica.

Essas características sugerem que esses objetos operam com tecnologias que desafiam não apenas a engenharia, mas também conceitos fundamentais de física conhecidos. A ausência de assinaturas térmicas, acústicas ou de propulsão convencional reforça a ideia de que estamos lidando com algo fora do escopo da tecnologia humana atual.

Os eventos registrados ocorreram frequentemente em regiões de interesse estratégico para os EUA, como áreas de treinamento militar no Pacífico Oriental. Os navios envolvidos, incluindo o USS Russell, USS Omaha e USS Kidd, são embarcações militares avançadas equipadas com sensores de última geração, que documentaram os eventos com alto grau de confiabilidade. As interações com UAPs e USOs sugerem que esses fenômenos podem estar monitorando ou reagindo a operações militares.

Apesar de tentativas de resposta, como envio de aeronaves e ativação de sistemas defensivos, os objetos demonstraram completa superioridade tecnológica, permanecendo intocados e, em alguns casos, desaparecendo antes de serem totalmente rastreados.

Ilustração

7.5.1 Padrões de Comportamento dos UAPs/USOs

Os documentos revelam padrões claros nos fenômenos relatados: Os UAPs frequentemente se aproximam de navios de guerra e permanecem no local por períodos prolongados, sugerindo uma intenção de observação ou coleta de dados.

A região do Oceano Pacífico Oriental tem sido palco de avistamentos frequentes, indicando que pode haver algum interesse específico nessa área.

Apesar de serem visíveis ao radar e a sensores avançados em momentos específicos, os UAPs/USOs muitas vezes desaparecem abruptamente, sugerindo uma tecnologia furtiva incompreensível.

7.5.2 Questões Científicas e Filosóficas

Esses eventos levantam questões profundas:

- **Origem dos Fenômenos:** Embora não haja evidências conclusivas, as capacidades exibidas pelos UAPs/USOs sugerem uma origem que pode ser extraterrestre, interdimensional ou resultado de uma tecnologia terrestre ultra-avançada, não divulgada.

- **Objetivo:** O comportamento dos UAPs sugere um propósito ainda desconhecido, como exploração, monitoramento ou simples coexistência. A ausência de hostilidade explícita, mesmo em situações de proximidade com sistemas militares, é notável.

Ilustração

Os eventos descritos são sérios e requerem atenção científica, política e militar. As recomendações incluem: Coleta de Dados Centralizada, com a criação de um banco de dados integrado entre agências militares e científicas para analisar padrões e desenvolver hipóteses robustas; Investimento em Tecnologias de Rastreamento, para melhorar sistemas de detecção e monitoramento, incluindo sensores submarinos e aéreos; Abordagem Interdisciplinar, envolvendo especialistas de diversas áreas - física, biologia, oceanografia - para compreender melhor esses fenômenos.

Os UAPs e USOs descritos nos documentos analisados representam um fenômeno complexo e de relevância estratégica global. Suas características desafiam não apenas nossa tecnologia, mas também nosso entendimento da ciência. Ao interagir diretamente com embarcações militares em áreas sensíveis, eles sugerem uma presença intencional, ainda que enigmática. A investigação aprofundada e a cooperação internacional são essenciais para desvendar a natureza, a origem e o propósito desses fenômenos, que podem ter implicações profundas para a segurança, a ciência e a compreensão da humanidade sobre seu lugar no universo.

7.6 Documentos Originais da U.S. Navy sobre os Eventos

A seguir, as páginas apresentarão os documentos originais mencionados e analisados neste capítulo, liberados pela FOIA. Reforçando os detalhes: os eventos ocorreram em zonas designadas para exercícios militares no Oceano Pacífico Oriental, próximo à costa da Califórnia.

Durante os eventos, sistemas avançados de radar e sonar foram ativados, sugerindo que as embarcações estavam em alerta elevado. A presença de UAPs/USOs pode ter coincidido com essas atividades, seja como reação a elas ou como monitoramento deliberado dos exercícios militares.

UNCLASSIFIED
30JUL19: INITIAL REPORT
USS RUSSELL INTERACTION WITH UAS

BLUE: (U) RSL reported 2 groupings of FLASHING WHITE/RED/GREEN lights while conducting routine operations in the SOCAL OPAREA. 1 UNKNOWN vessel was observed operating in the vicinity, identified as PLEASURE CRAFT MMSI 003669184. BRIDGE TO BRIDGE communications were not established but attempted by RSL. DRAKE UAS detection system was not employed by RSL.

- USS RUSSELL
- SECOND GROUP UAS INT.
- USS KIDD
- INITIAL UAS INT.
- PLEASURE CRAFT

★ Video/Photos capture point(s)

Distance Scale 10 NM

3258N 11906W

Weather
- Temp: 64 F
- Winds: 070T / 7 KTS
- Sea State: 3
- Visibility: UNRES

Timeline of Events

1. **0757Z:** While operating in SOCAL on CSE 075 T at 15 kts, RSL reports 1x possible UAS with GREEN/WHITE/RED lights off stbd from RSL.

2. **0811Z:** RSL reports UAS flyover, called away SNOOPIE team and DRAKE. RSL changed CSE to 130 T. RSL then lost visual of UAS.

3. **0931Z:** RSL reports 1 x possible UAS with GREEN/WHITE/RED lights flying stationary relative to RSL. CPA was 4000 yards. 1 UNKNOWN vessel was identified operating in the vicinity of Santa Catalina Island. RSL changed CSE to 035 T to pursue UAS as directed by CZ. KID was moving on opposite course to RSL and reported no visual of UAS. 3 x possible UAS were reported and visual was gained off the STBD side of RSL. Pleasure craft with unidentified MMSI was hailed on BTB using UAS warning script.

4. **1015Z:** RSL slowed to 10 knots. Pleasure craft with unidentified MMSI was hailed on BTB using UAS warning script. RSL still had visual of UAS which appeared outbound. Communications were never established.

5. **1110Z:** RSL no longer has visual on green/red/white lights. SNOOPIE team and DRAKE team secured.

Report Prepared: RSL SNOOPIE TEAM
Current as of 301110Z JUL 2019

Carrier Strike Group NINE

UNCLASSIFIED

Defending Freedom!

At approximately 0757Z on 30 July, 2019, 5 unknown UAS's made an approach of USS RUSSELL while it was conducting routine operations in international waters in the SOCAL OPAREA.

During the incident, while operating in SOCAL, USS RUSSELL reports 1x possible UAS with GREEN/WHITE/RED lights off the stern of USS RUSSELL. USS RUSSELL reports UAS flyover, called away SNOOPIE team and DRAKE. USS RUSSELL then lost visual of that UAS. USS RUSSELL reports 1x more possible UAS with GREEN/WHITE/RED lights flying stationary relative to USS RUSSELL; CPA with that UAS was 4000 yards. 1 UNKNOWN vessel was identified operating in the vicinity of Santa Catalina Island. USS RUSSELL changed course to pursue UAS as directed by GZ. USS KIDD was moving on an opposite course to USS RUSSELL and reported no visual of UAS. 3x more possible UAS were reported and visual was gained off the STBD side of USS RUSSELL. Pleasure craft with unidentified MMSI was hailed on BTB using UAS warning script. Pleasure craft with unidentified MMSI was hailed again on BTB using UAS warning script. Communications were never established. USS RUSSELL still had visual of UAS which appeared outbound. Eventually, USS RUSSELL no longer had visual on green/red/white lights.

U.S. Navy ships and aircraft operate throughout the Indo-Pacific routinely, including in the SOCAL OPAREA. As we have for decades, our forces will continue to fly, sail and operate anywhere international law allows. We expect all regional navies and the forces under their control to behave safely and professionally at all times. On rare occasions when interactions are unsafe and/or unprofessional, we have mechanisms to examine those incidents.

Tradução para Português:

"Por volta das 07h57 de 30 de julho de 2019, cinco UAS desconhecidos se aproximaram do USS RUSSELL enquanto realizava operações rotineiras em águas internacionais na SOCAL OPAREA.

Durante o incidente, enquanto operava na região de SOCAL, o USS RUSSELL relata 1 UAS possível com luzes VERDE/BRANCA/VERMELHA na popa do USS RUSSELL. O USS RUSSELL reporta um sobrevoo de UAS, acionou a equipe SNOOPIE e DRAKE. O USS RUSSELL perdeu o visual deste UAS. O USS RUSSELL relata mais 1 UAS possível com luzes VERDE/BRANCA/VERMELHA voando estacionário em relação ao USS RUSSELL; a CPA (Closest Point of Approach) deste UAS era de 4.000 jardas. Uma embarcação DESCONHECIDA foi identificada operando nas proximidades da Ilha de Santa Catalina. O USS RUSSELL mudou de curso para perseguir o UAS conforme instruído por GZ. O USS KIDD estava seguindo em uma rota oposta ao USS RUSSELL e não reportou visual de UAS. Outros 3 UAS possíveis foram relatados, e o visual foi obtido do lado STBD (lado de estibordo) do USS RUSSELL. Uma embarcação de lazer com MMSI não identificado foi chamada via BTB (Broadcast to Bridge) usando o roteiro de alerta de UAS. A embarcação de lazer com MMSI não identificado foi chamada novamente via BTB usando o roteiro de alerta de UAS. As comunicações nunca foram estabelecidas. O USS RUSSELL ainda tinha o visual do UAS, que apareceu em retirada. Eventualmente, o USS RUSSELL não tinha mais visual das luzes verde/vermelha/branca.

Os navios e aeronaves da Marinha dos EUA operam rotineiramente em toda a região Indo-Pacífico, incluindo a SOCAL OPAREA. Como fazemos há décadas, nossas forças continuarão a voar, navegar e operar onde a lei internacional permitir. Esperamos que todas as marinhas regionais e as forças sob seu controle se comportem com segurança e profissionalismo o tempo todo. Em raras ocasiões, quando as interações são inseguras e/ou não profissionais, temos mecanismos para examinar esses incidentes."

UNCLASSIFIED

17 JUL 19: DDG 59 Interaction with 3 UNK UAS at Sea

BLUF: USS RUSSELL (RSL) conducting routine operations in the SOCAL OPAREA, approximately 62 NM South West of San Nicolas Island. No weapons observed. No impact to RSL's mission.

- DDG 59
- UNK UAS 1
- UNK UAS 2
- UNK UAS 3

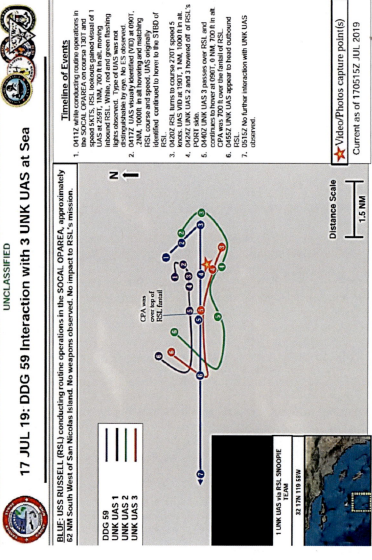

CPA was over top of RSL fantail

Distance Scale
1.5 NM

1 UNK UAS via RSL SNOOPIE TEAM
32 17N 119 58W

Timeline of Events

1. 0411Z while conducting routine operations in the SOCAL OPAREA on course 130T and speed 5KTS, RSL lookouts gained visual of 1 UAS at 259T, 1NM, 700 ft in alt. moving inbound RSL. White, red and green flashing lights observed. Type of UAS was not distinguishable by eye. No ES observed.
2. 0417Z UAS visually identified (VID) at 090T, .2NM, 1000ft in alt hovering and matching RSL course and speed. UAS originally identified continued to hover to the STBD of RSL.
3. 0420Z RSL turns to course 270T speed 5 knots. UAS VID at 190T, 1 NM, 1000 ft in alt.
4. 0424Z UNK UAS 2 and 3 hovered off of RSL's PORT side.
5. 0440Z UNK UAS 3 passes over RSL and continues to hover at 090T, 0 NM, 700 ft in alt. CPA was 700 ft over the fantail of RSL.
6. 0455Z UNK UAS appear to head outbound RSL.
7. 0515Z No further interaction with UNK UAS observed.

★ Video/Photos capture point(s)

Current as of 170515Z JUL 2019

UNCLASSIFIED

UNCLASSIFIED

15JUL19: BKH Interaction with Multiple U/I UAS

BLUE: BKH while conducting routine operations in the Southern California OPAREA, 15NM West of San Nicholas Island, identified multiple UAS active.

USS BKH
Approx. 11x U/I UAS
VOI: M/V BASS STRAIT
USS PHM

3256N 11935W

--- Assessed Track

Weather
- Temp: 60f
- Winds: NW/5 KTS
- Sea State: 2
- Visibility: UNRES
- Night Time Visibility: UNRES

Distance Scale
1NM

Timeline of Events
1. 0415Z BKH (272T/3KTS) received report of Multiple inbound UAS. SNOOPIE Team called away.
2. 0420Z UAS observed off of Port Bow.
3. 0450Z BKH CPAs BASS STRAIT at 3nm and alters course to starboard to open.
4. 0515Z 11x UAS identified in the vicinity of the BKH, BTB communications and warnings were issued with no response.
5. 0530Z UAS hovered IVO ownship. 11 UAS identified. BKH alters course in investigation of VOI.
6. 0600Z BKH continues to hold multiple UAS tracks in SPY.
7. 0720Z SPY holds valid UAS tracks ranging from 1400 - 21,000ft in altitude.
8. 1010Z BKH still holding 2x UAS tracks 38nm, 21000ft alt.
9. 1430Z BKH continues LFWAP events.
10. 1810Z No additional UAS activity noted.

★ Video/Photos capture point(s)

Current as of 151840Z JUL 2019

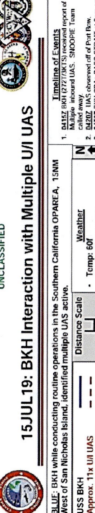

M/V BASS STRAIT

CO Assessment: *(U) BKH gained visual of several Quadcopter style UAS off of our Port Bow. UAS operated in and around BKH position. Active during the event was a C3F VOI, M/V BASS STRAIT. BKH reached out via BTB in order to ascertain if the UAS originated from their vessel. Negative response. BUNKER HILL attempted to query the contact controller over Bridge to Bridge and received no response. After the departure of M/V BASS STRAIT UAS platforms were still active.*

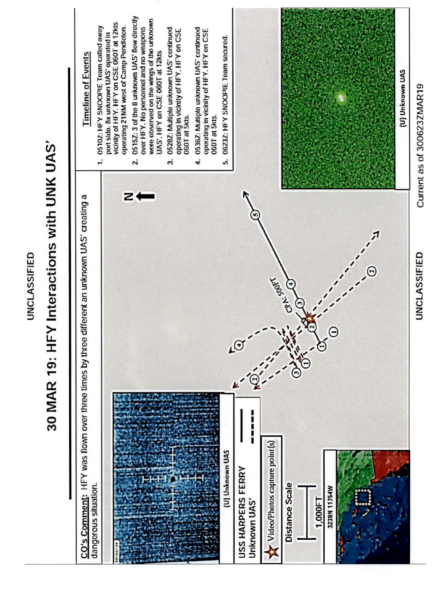

UNCLASSIFIED

24 APR 19: ZUM Interaction with MULTIPLE UNK UAS

BLUF: ZUM CO reporting interaction with up to 6x UAS operating at various altitudes between 300-1000 ft. All appeared to fly consistent pattern, NW, East, South, without alteration of course speed, or altitude.

— USS ZUM
— UNK UAS

Timeline of Events

1. 0315Z: Gained visual of 1x UNK flashing lights off starboard bow, BRG 340R, position angle 3.
2. 0325Z: CO notified of 3 lights identified (steady white) at 030R.
3. 0330Z: ZUM identified two sets of flashing red/green lights and JOOD determined by shape and light position that lights were consistent with a UAS.
4. 0333Z: CO on bridge. Starboard lookout reports drone crosses flight deck from starboard to port. Port lookout confirms visual of lights and reports heading away.
5. 0335Z-0440Z: SNOOPIE Team continues to track multiple, up to 6x, UAS systems heading Northwest and Southeast.
6. 0440Z: CO called the event and continued to track UAS'. End of event.

MULTIPLE UNK UAS

Distance Scale
1 NM

Current as of 240500Z APR 2019

★ Video/Photos capture point(s)

Carrier Strike Group NINE   UNCLASSIFIED   *Defending Freedom!*

At approximately 0510Z on 30MAR19, 8x unknown UAS' operated in the vicinity of USS HARPERS FERRY while it was conducting routine operations in international waters in the SoCal OPAREA flying directly over USS HARPERS FERRY at low altitude of approximately 500 feet.

During the incident, USS HARPERS FERRY identified 8x unknown aircraft flying in the vicinity of USS HARPERS FERRY. The unknown UASs were likely conducting collection operations on USS HARPERS FERRY. Three of the eight UAS' flew over USS HARPERS FERRY at a low altitude of approximately 500 feet. At approximately 0623Z, the multiple UAS' were no longer in visual and likely concluded collection operations on USS HARPERS FERRY.

U.S. Navy ships and aircraft operate throughout the Indo-Pacific routinely, including in the East China Sea. As we have for decades, our forces will continue to fly, sail and operate anywhere international law allows. We expect all regional navies and the forces under their control to behave safely and professionally at all times. On rare occasions when interactions are unsafe and/or unprofessional, we have mechanisms to examine those incidents.

Tradução para Português:

"Por volta das 05h10Z, em 30 de março de 2019, 8 UAS desconhecidos operaram nas proximidades do USS HARPERS FERRY enquanto realizava operações rotineiras em águas internacionais na SoCal OPAREA, voando diretamente sobre o USS HARPERS FERRY a baixa altitude, aproximadamente 500 pés.

Durante o incidente, o USS HARPERS FERRY identificou 8 aeronaves desconhecidas voando na proximidade do navio. Os UAS desconhecidos provavelmente estavam conduzindo operações de coleta de informações no USS HARPERS FERRY. Três dos oito UAS sobrevoaram o USS HARPERS FERRY a uma baixa altitude de aproximadamente 500 pés. Por volta das 06h23Z, os múltiplos UAS não estavam mais visíveis e provavelmente concluíram as operações de coleta no USS HARPERS FERRY.

Os navios e aeronaves da Marinha dos EUA operam rotineiramente no Indo-Pacífico, incluindo o Mar da China Oriental. Assim como fazemos há décadas, nossas forças continuarão a voar, navegar e operar em qualquer lugar permitido pelas leis internacionais. Esperamos que todas as marinhas regionais e as forças sob seu controle atuem de forma segura e profissional em todos os momentos. Em raras ocasiões, quando interações são inseguras e/ou não profissionais, temos mecanismos para examinar esses incidentes."

UNCLASSIFIED

21 JUL 19: USS PAUL HAMILTON OBSERVES UAS

BLUF: (U) USS PAUL HAMILTON (PHM) conducting routine operations in the SOCAL OPAREA observes 3 UAS approximately 4NM off the starboard stern. CO assesses interaction as no threat to O/S and likely local fisherman operating personal quadcopters. No impact to PHM's mission.

Timeline of Events

1. 0220Z: Indications of UAS at 5-8NM from PHM starboard bow. One UNK vessel on course 270T at 6KTS. PHM on course 306T at 5KTS. Bridge VID 1 UAS on course 09CT at over 5NM, but unable to capture photograph.

2. 0225Z: SNOOPIE Team called away. SNOOPIE Team unable to gain visual of 1 UAS on course C90T at over 5NM. UNK vessel turns course to match PHM's course of 306T.

3. 0235Z: UNK vessel goes DIW. 2 UAS observed at approximately 4-5NM hovering over UNK vessel. SNOOPIE Team was able to capture photos but no video due to distance of UAS.

4. 0320Z: UNK vessel and UAS cut of sight. SNOOPIE Team is secured.

Legend:
- USS PHM
- UNK VESSEL
- UAS

PHM Location: 3336N 11825W

WEATHER
Ambient temp: 67
Winds: NW 15-20
Sea State: 3ft
Visibility: UNR

(U) UAS via PHM SNOOPIE TEAM

★ Video/Photos capture point(s)

Distance Scale: 5000YDS

CPA 4NM

UNCLASSIFIED

USS PAUL HAMILTON Current as of 210320ZJUL19

CAPÍTULO 8: DOCUMENTO PUBLICADO PELA FOIA COM CONFIDENCIALIDADE

O documento aqui tratado indica ser um relatório ou formulário oficial de avistamento, possivelmente da Marinha ou de uma agência militar relacionada à aviação e segurança. É uma descrição operacional de um evento envolvendo um objeto não identificado (UAP - Fenômeno Aéreo Não Identificado) observado em um cenário de interação direta.

O objeto é referido como "*Range Fouler*". A menção de "*Range Fouler*" sugere que o objeto estava em uma área sensível, como um espaço aéreo ou marítimo controlado. Pode ser uma nomenclatura operacional para UAPs detectados que entram em zonas restritas ou de alta sensibilidade militar. Foi descrito inicialmente como estacionário, porém a interação ocorreu em três passagens consecutivas: Primeira passagem, o piloto detectou visualmente o objeto; Segunda passagem, o piloto o observou novamente; Terceira passagem, ambos, piloto e WSO (*Weapons Systems Officer*), confirmaram o avistamento.

A presença de um piloto e de um oficial de sistemas de armas WSO (*Weapons Systems Officer*), confirma que esse tipo de configuração é comum em caças como o F/A-18 Super Hornet, usados pela Marinha dos EUA, que frequentemente realizam interceptações.

Durante a operação, a tripulação do provável F/A-18 Super Hornet escaneou a área abaixo do objeto usando equipamentos avançados (não especificados, mas possivelmente radares ou sensores ópticos). Descobriram um grupo de baleias na superfície do oceano, diretamente sob a posição do objeto.

Como há censura no documento, com sigilo, alguns outros detalhes ficam prejudicados. Todavia, a tripulação foi orientada a salvar as interações em formato de vídeo (.*wmv*) com nomeações específicas, devendo ser enviados a um repositório confidencial (informação censurada).

A descrição de baleias sob o objeto pode ser coincidente, mas também pode sugerir um interesse do UAP em formas de vida marinha.

O fato de o objeto permanecer estacionário e ser detectável em múltiplas passagens é importante, indicando que um comportamento possivelmente controlado ou inteligente, reforçando a necessidade de estudo.

Pode-se constatar que este tipo de interação - envolvendo UAPs estacionários em áreas marítimas e comportamento próximo a formas de vida - é consistente com outros relatos:

Fenômenos semelhantes são descritos como USOs (Objetos Submersíveis Não Identificados), indicando possível interação entre UAPs e ambientes marinhos.

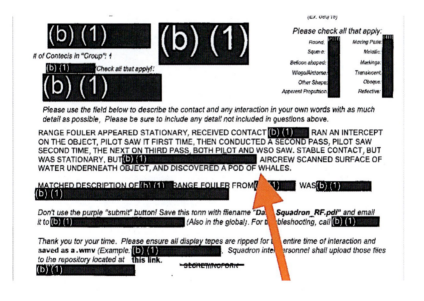

(b) (1) ~~SECRET//HCS//SI//~~ Range Fouler Debrief Form

Please do not use the purple "submit" button above. Save and email the complete file manually (see below).

Please complete this form to the best of your ability. If you do not have the requested information, please leave the field blank. If there was more than one "group," please report each on a separate form for data collection purposes. You should receive a response within 5 business days.

Last Name, First Name	Rank	Squadron	SIPR Email Address	Crew Position
(b) (6)	O-3	(b) (1)	(b) (6)	WSO

This information is for contact only (b) (1) sanitizes all reports of identifying information. Absolutely no identifying information for aircrew or squadron will be recorded for analysis.

Date (mm/dd/yy)	Time of detection (Zulu ZULU)	Day / Flight	Side Ma	Bueo	Mission Description (CAS, BFM, etc)			No
(b) (1)	(b) (1)	Day	(b) (1)	(b) (1)	(b) (1)			(b)(1)

Contact Working Area (CL W-1214)	Contact Heading (00 MM SS)	N	Contact Longitude (00 MM SS)	W	Contact Altitude (Ft, 20000)	Altitude Certain?	Wind Offset Contact Alt (From)	Wind Speed
(b) (1)	(b) (1)	N 106	(b) (1)	W	(b) (1)	(b) (1)	0	0

Please remember to coordinate a Lat / Long for the contact of initial detection. We recommend using (b) (1) to reference the sensor utilized bearing and range relative to the intercept you ran in due. If that information is not available, any reasonable estimate of location will hock set influence be an months as positive and make a note in the comments section. These locations may be used to the asset means of tracking.

Was the contact moving? No
Direction/Speed (Ex 000/13) N/A

# of Contacts in "Group": 1
(b) (1) 'Check all that apply:'
(b) (1)

Please check all that apply:
Power: Morning Pede
Square: Metallic
Balloon shaped: Markings:
Wings/Airfoils: Translucent
Little Stripe: Opaque
Aspect Proportion: Radioactive

Please use the field below to describe the contact and any interaction in your own words with as much detail as possible. Please be sure to include any detail not included in questions above.

RANGE FOULER APPEARED STATIONARY, RECEIVED CONTACT (b) (1) RAN AN INTERCEPT ON THE OBJECT, PILOT SAW IT FIRST TIME, THEN CONDUCTED A SECOND PASS, PILOT SAW SECOND TIME, THE NEXT ON THIRD PASS. BOTH PILOT AND WSO SAW. STABLE CONTACT, BUT WAS STATIONARY, BUT (b) (1) AIRCREW SCANNED SURFACE OF WATER UNDERNEATH OBJECT, AND DISCOVERED A POD OF WHALES.

MATCHED DESCRIPTION OF (b) (1) RANGE FOULER FROM (b) (1) WAS (b) (1)
(b) (1)

Don't use the purple "submit" button! Save this form with filename "**Date_Squadron_RF.pdf**" and email it to (b) (1) (Also in the global). For troubleshooting, call (b) (1)

Thank you for your time. Please ensure all display tapes are ripped for the entire time of interaction and saved as a .wmv (Example: (b) (1) . Squadron intel personnel shall upload those files to the repository located at this link.
(b) (1)

~~SECRET//HCS//SI//~~

CONCLUSÃO

Os relatos, investigações e documentos apresentados ao longo deste Livro traçam um panorama cada vez mais complexo sobre os Fenômenos Aéreos Não Identificados (UAPs) e, especificamente, sobre sua relação com o meio marítimo. Desde avistamentos em regiões costeiras – tanto nos Estados Unidos quanto no Brasil – até teorias de bases submersas e operações "transmídia", o que emerge é a ideia de que os oceanos podem oferecer refúgios, rotas e oportunidades de sigilo a essas inteligências ou tecnologias desconhecidas.

A inclusão do documento vazado (Capítulo 6) atribuído a um informante da Marinha Norte-Americana elevou o debate, apontando para a existência de provas em alta definição de objetos de origem não humana e denunciando um grau de compartimentação governamental que, se confirmado, colocaria em xeque a transparência política e militar dos Estados Unidos. Esses relatos reforçaram a urgência de uma cooperação internacional e multidisciplinar para a análise dos dados e o esclarecimento da verdadeira natureza dos UAPs.

Agora, com a chegada do Capítulo 7, apresentando documentos publicados no site oficial da U.S. Navy e subsequentemente removidos, a discussão se aprofunda ainda mais. Esses registros, obtidos sob a *Freedom of Information Act* (FOIA) e divulgados por engano, descrevem interações diretas de UAPs e USOs com navios de guerra norte-americanos no Oceano Pacífico. As velocidades reportadas (incluindo movimentos subaquáticos a centenas de nós), a capacidade de transição entre água e ar sem perturbações significativas, e a aparente invulnerabilidade aos sensores e sistemas de defesa atuais apontam para algo que ultrapassa os limites da tecnologia e da ciência conhecidas.

As regiões de atividade relatadas – como o Oceano Pacífico Oriental e áreas de treinamento militar – indicam que esses fenômenos ocorrem, recorrentemente, em pontos de interesse tático. Isso sugere uma possível intenção de observar ou mesmo monitorar as operações navais.

A ampla quantidade de relatos de objetos mergulhando e emergindo do mar sem evidenciar turbulência ou ruídos característicos consolida a hipótese de veículos "transmídia" e de eventuais estruturas ocultas em profundidades abissais. Essa possibilidade se alinha com teorias abordadas neste Livro, segundo as quais o oceano funcionaria como abrigo ou rota para inteligências não identificadas.

Ambos os conjuntos de documentos – o vazado (Capítulo 6) e o publicado depois removido do site oficial da U.S. Navy (Capítulo 7) – convergem para a existência de um "gap tecnológico" entre tais objetos e as capacidades militares conhecidas. Sejam drones experimentais ou dispositivos de natureza não humana, o que se apresenta excede a engenharia atual em termos de aceleração, furtividade e controle ambiental.

A saída de documentos, sejam eles publicados por engano ou fruto de vazamento, evidencia a pressão por transparência governamental sobre o tema UAP. A existência de programas oficiais (como o AARO) e de iniciativas de Marinhas em diversos países confirma um movimento global para retirar esse tópico de uma zona "especulativa" e tratá-lo como questão de Estado, com implicações científicas, políticas e filosóficas de grande magnitude.

Somente com a união de órgãos de defesa, pesquisadores civis, universidades e empresas de tecnologia será possível montar um "quebra-cabeça" amplo e coerente. A criação de bancos de dados integrados, protocolos de relatório padronizados e redes de sensores submersíveis poderá elucidar características cruciais dessas naves ou inteligências.

Os capítulos sobre IA, sensores subaquáticos e monitoramento costeiro apontam para o investimento urgente em sistemas que acompanhem eventos no mar de forma contínua, fornecendo dados em tempo real. Assim, poderia haver respostas mais ágeis e aprofundadas sobre movimentações anômalas.

A revelação desse relatório oficial sobre um "Range Fouler" (Capítulo 8) que permanece estacionário em área marítima controlada reafirma os pontos principais levantados neste Livro: Mantém-se a hipótese de que boa parte dos UAPs explora as profundezas oceânicas como refúgio ou corredor, haja vista sua aparente indiferença às barreiras naturais de pressão e resistência na água.

A Cooperação Internacional e Pesquisa Multidisciplinar: Avanços no monitoramento subaquático e na análise de dados – combinando sensores, IA e redes globais de colaboração – continuam essenciais para compreender tais fenômenos, principalmente quando envolvem potenciais interações com ecossistemas inteiros.

Transparência vs. Sigilo: A permanência de trechos censurados em documento analisado, quanto nos arquivos previamente discutidos, evoca o dualismo entre segurança nacional e transparência pública. É cada vez mais evidente a necessidade de fóruns confiáveis, onde autoridades militares, cientistas e sociedade civil possam debater e investigar estas ocorrências sem cair em especulações infundadas.

A legitimidade desses fenômenos está cada vez mais associada à discussão aberta nos parlamentos e na mídia.

Como em outros momentos históricos, o equilíbrio entre segurança nacional e direito à informação é fator decisivo para a condução ética e transparente de descobertas que podem modificar significativamente nossa visão de mundo.

Este Livro permitiu reunir relatos históricos, hipóteses sobre operações submersas, testemunhos de pilotos e pescadores, investigações de agências governamentais e, sobretudo, dois conjuntos de documentos que dialogam sobre a possiblidade de existirem inteligências ou tecnologias além do que conhecemos.

A convergência de informações – desde as luzes misteriosas no céu e no mar até as recentes revelações envolvendo a Marinha dos EUA – sublinha a complexidade de um fenômeno que transgride fronteiras científicas, geopolíticas e culturais. Embora ainda não haja uma "prova definitiva" sobre a natureza exata dos UAPs ou USOs, a soma de evidências desafia os paradigmas estabelecidos.

Seja qual for a explicação última, o "chamado" que o mar e os UAPs nos fazem é claro: continuar investigando com rigor científico, fomentar a cooperação internacional e manter abertos o debate e o questionamento, pois só assim avançaremos no entendimento de um fenômeno que pode redefinir nossa compreensão da vida, da tecnologia e do próprio universo.

Ilustração

REFERÊNCIAS E LEITURAS SUGERIDAS

- U.S. Department of the Navy. FOIA Reading Room. - "Case Files > UAP INFO" Disponível em: https://www.secnav.navy.mil/foia/readingroom/CaseFiles/UFO%20Info/UAP%20DOCUMENTS/Responsive%20records%20for%20DON-NAVY-2021-004596%20(proposed%20redaction).pdf. Documentos Publicados e subsequentemente removidos temporariamente, no domínio ".mil", mencionando interações entre USS Russell, USS Omaha, USS Kidd e possíveis UAPs/USOs em áreas de treinamento no Oceano Pacífico. Tópico abordado no Capítulo 7 deste Livro. **As informações e imagens incluídas neste Livro foram obtidas de fontes públicas previamente disponibilizadas, sem qualquer acesso não autorizado. A intenção é informar e estimular o debate sobre os fenômenos mencionados.** Os Documentos analisados estão publicados no site The War Zone (https://www.twz.com/), disponível em: https://www.twz.com/drone-swarms-that-harassed-navy-ships-demystified-in-new-documents, liberados pela **FOIA Reading Room**. Acesso em 19/01/2025.

- Declaração de 16 de dezembro de 2024 ("U.S. Navy X"). Disponível em Perfil no Twitter: John Greenewald, Jr. on X: "In James Fox's new documentary, The Program (which is released now, but I have not seen it yet), there apparently is an anonymous source identified as "Navy X" who just released this statement, and claims all of the below is true. Posting here for discussion, not endorsement. https://t.co/KdvJyvMrHu" / X. Documento de autoria não confirmada, atribuído a um suposto informante da Marinha dos EUA. Reportado no X por John Greenewald, Jr., no novo documentário de James Fox (*The Program)*, fonte anônima identificada como "Navy X". Disponibilizado inicialmente em sites de pesquisa ufológica, como The Black Vault (https://www.theblackvault.com/documentarchive/)

- The Black Vault. Portal dedicado à publicação de arquivos obtidos via **FOIA Reading Room** e outras leis de transparência. Contém documentos relacionados a UAPs, inclusive material mencionado neste Livro. Disponível em: https://www.theblackvault.com/documentarchive/. Acesso em: 10/01/2025.

- Flight 19 (1945). Relatórios da Marinha dos EUA e do National Archives sobre o desaparecimento de aeronaves torpedeiras no Triângulo das Bermudas. Documentos históricos consultados em bases de dados oficiais e acervos digitais.

- USS Cyclops (1918). Registros oficiais acerca do sumiço do navio durante a rota entre Bahia (Brasil) e Baltimore (EUA). Disponíveis em arquivos digitais da U.S. Navy e acervos históricos norte-americanos.

- Star Tiger e Star Ariel (1948-1949). Relatórios de investigação aeronáutica da British South American Airways, arquivados no National Archives do Reino Unido. Documentos sobre desaparecimentos de aeronaves próximas à área das Bermudas, citados em estudos históricos.

- Declarações e Relatórios Oficiais sobre o Triângulo do Dragão. Referências diversas a relatos japoneses (séculos XIII e XX), com menções em crônicas históricas e publicações acadêmicas, disponíveis em bibliotecas digitais do Japão e em acervos relacionados ao Círculo de Fogo do Pacífico.

- Documentos e Relatos de Avistamentos no Brasil (2024). Dados coletados de testemunhos (pilotos, pescadores, turistas), além de registros em torres de controle (ANAC) e menções na imprensa local de Santa Catarina, Pernambuco, Rio de Janeiro e Rio Grande do Sul. Referenciados ao longo do Capítulo 3 deste Livro.

- Documento do "Range Fouler" (Capítulo 8). Formulário militar (Marinha/Aviação Naval) com relato de interação entre piloto e WSO (*Weapons Systems Officer*) e objeto estacionário acima de um grupo de baleias. Objeto classificado como UAP; dados sobre salvamento de vídeo (.wmv) em repositório confidencial. Acesso, com partes censuradas. **Site Oficial da Marinha dos EUA (domínio .*mil*), seção FOIA Reading Room.** Disponível em: https://www.secnav.navy.mil/foia/readingroom/CaseFiles/UAP%20INFO/RF%20Reports%20Navy%20Redacted%20(202306).pdf Acesso em: 10/01/2025. Arquivo que reúne relatórios e informações sobre casos de UAP, parcialmente editados ("*redacted*") por questões de segurança ou privacidade. Inclui menções a possíveis interações com embarcações militares, bem como protocolos de resposta.

- Arquivo Nacional. Documentos com relatos de Pilotos ao CINDACTA (Centro Integrado de Defesa Aérea de Tráfego Aéreo), ligado à FAB (Força Aérea Brasileira), sobre o avistamento de Ovnis (objetos voadores não identificados) no espaço aéreo brasileiro. Disponível em: https://static.poder360.com.br/2024/08/arquivo-nacional-ovni.pdf Acesso em: 02/01/2025.

SOBRE O AUTOR

Fernando Longo (Codinome Maxximus), autor de "UAPs, OVNIs e o Mar: Revelações de 2024 - Explorando o Desconhecido nas Profundezas do Mar", é piloto civil licenciado e pesquisador independente, com foco principal na investigação de Fenômenos Anômalos Não Identificados (UAPs). Seu interesse por essas ocorrências teve um salto significativo em 2022, quando uma série de relatos envolvendo UAPs chamou atenção no Rio Grande do Sul – região onde, até hoje, continuam a ser registrados fenômenos de grande intensidade. A experiência de Fernando como piloto, aliada à curiosidade científica e ao contato direto com testemunhas de alto nível (desde controladores de voo até marinheiros e pescadores), o levou a compilar e analisar informações que fundamentam este estudo.

Com um olhar cético, mas igualmente aberto a explicações pouco convencionais, Fernando empenha-se em promover a cooperação entre diferentes áreas do conhecimento, bem como a transparência na divulgação de dados sobre UAPs. Seu trabalho busca equilibrar a necessidade de rigor científico com a urgência de investigar fenômenos que podem ter implicações profundas na compreensão das capacidades tecnológicas conhecidas, tanto no meio aéreo quanto marítimo.

DOCUMENTOS SELECIONADOS

Documentos Selecionados

= **Declaração de 16 de dezembro de 2024 (U.S. Navy X).** Atribuída a um informante da Marinha dos Estados Unidos, publicada extraoficialmente. Descreve provas de UAPs e sugere a existência de artefatos de origem não humana, convocando o Congresso dos EUA a promover maior transparência e audiências abrangentes. Disponível inicialmente em sites de pesquisa ufológica e posteriormente divulgada em diversas plataformas (foi relacionada a TheBlackVault.com).

Documentos da U.S. Navy (Oficialmente Liberados)

= **Relatórios e registros da Marinha dos EUA sobre avistamentos de UAPs e USOs (Objetos Submersíveis Não Identificados) envolvendo navios de guerra no Oceano Pacífico, incluindo o USS Russell, USS Omaha e USS Kidd**. Os documentos foram inicialmente divulgados no site oficial da Marinha dos EUA (.mil), dentro da FOIA Reading Room, e, apesar de uma remoção temporária, foram posteriormente liberados oficialmente. Esses registros descrevem encontros com objetos de velocidades inatingíveis, interações diretas com embarcações e capacidades tecnológicas desconhecidas. O tema é abordado no Capítulo 7 deste livro. Todas as informações e imagens incluídas neste livro foram obtidas de fontes públicas previamente disponibilizadas, sem qualquer acesso não autorizado, com o propósito de informar e estimular o debate sobre os fenômenos mencionados. **Os documentos analisados estão disponíveis no site The War Zone, liberados oficialmente pela FOIA Reading Room, acessíveis em:** https://www.twz.com/drone-swarms-that-harassed-navy-ships-demystified-in-new-documents.

= **FOIA (Freedom of Information Act) Reading Room U.S. Navy.** Espaço destinado à divulgação de registros e documentos não classificados solicitados ao governo dos EUA. Entre outros temas, inclui (ou incluiu) documentos sobre avistamentos de UAPs e protocolos de monitoramento marítimo. Parte desse material acabou sendo recolhido em função de potenciais equívocos de publicação.

= **Referências Históricas e Arquivísticas: Flight 19 (1945)**: Relatórios da Marinha dos EUA e do National Archives relacionados ao desaparecimento de aeronaves torpedeiras no Triângulo das Bermudas; **USS Cyclops (1918)**: Documentos oficiais da época, alguns disponíveis em arquivos digitais da US Navy, que relatam a perda do navio durante sua rota entre Bahia (Brasil) e Baltimore (EUA); **Star Tiger e Star Ariel (1948-49)**: Relatórios de investigação aeronáutica da British South American Airways, com possíveis complementos em arquivos históricos britânicos.

Nota: A disponibilidade e o grau de acesso a cada documento podem variar. Alguns foram meramente citados no Livro como vazados ou removidos ("Documentos da U.S. Navy no site oficial"), outros têm status público (caso de arquivos históricos, publicações pela U.S. Navy (Seção FOIA Reading Room ou em Sites), ou em Sites e vídeos de terceiros no YouTube).

= **Arquivo Nacional**. Documentos com relatos de Pilotos ao CINDACTA (Centro Integrado de Defesa Aérea de Tráfego Aéreo), ligados à FAB (Força Aérea Brasileira), sobre o avistamento de Ovnis (objetos voadores não identificados) no espaço aéreo brasileiro.

= Documento do "Range Fouler" (Capítulo 8). Formulário militar (Marinha/Aviação Naval) com relato de interação entre piloto e WSO (*Weapons Systems Officer*) e objeto estacionário acima de um grupo de baleias. Objeto classificado como UAP; dados sobre salvamento de vídeo (.wmv) em repositório confidencial. Acesso, com partes censuradas. **Site Oficial da Marinha dos EUA (domínio .*mil*), seção FOIA Reading Room.** Disponível em: https://www.secnav.navy.mil/foia/readingroom/CaseFiles/UAP%20INFO/RF%20Reports%20Navy%20Redacted%20(202306).pdf Acesso em: 10/01/2025. Arquivo que reúne relatórios e informações sobre casos de UAP, parcialmente editados ("*redacted*") por questões de segurança ou privacidade. Inclui menções a possíveis interações com embarcações militares, bem como protocolos de resposta.

DISCLAIMER

    Este Livro foi elaborado a partir de fontes diversas, incluindo relatos públicos, documentos oficiais e supostos materiais vazados ou publicados por engano em sites governamentais. Em particular, os Capítulos 6 e 7 referem-se a arquivos cuja autenticidade não pôde ser inteiramente confirmada por fontes independentes – o Capítulo 6 aborda um documento atribuído a um informante da U.S. Navy ("U.S. Navy X"), e o Capítulo 7 descreve conteúdos disponibilizados sobre avistamentos de UAPs e USOs (Objetos Submersíveis Não Identificados) envolvendo navios de guerra no Oceano Pacífico, incluindo o USS Russell, USS Omaha e USS Kidd. Os documentos foram inicialmente divulgados no site oficial da Marinha dos EUA (.mil), dentro da FOIA Reading Room, e, apesar de uma remoção temporária, foram posteriormente liberados oficialmente. Esses registros descrevem encontros com objetos de velocidades inatingíveis, interações diretas com embarcações e capacidades tecnológicas desconhecidas. O tema é abordado no Capítulo 7 deste livro. Todas as informações e imagens incluídas neste livro foram obtidas de fontes públicas previamente disponibilizadas, sem qualquer acesso não autorizado, com o propósito de informar e estimular o debate sobre os fenômenos mencionados. **Os documentos analisados estão disponíveis no site The War Zone (https://www.twz.com/), liberados oficialmente pela FOIA Reading Room, acessíveis em:** https://www.twz.com/drone-swarms-that-harassed-navy-ships-demystified-in-new-documents.

A inclusão desses conteúdos neste Livro tem caráter informativo e contextual, e não representa afirmação conclusiva sobre sua veracidade ou implicações. Cabe ao leitor exercer juízo crítico ao avaliar quaisquer alegações ou teorias apresentadas.

Direitos Autorais e Uso Comercial

Direitos Autorais: Todo o conteúdo textual deste Livro, incluindo análises, compilações e comentários, está protegido por direitos autorais. É proibida a reprodução, distribuição ou alteração de qualquer parte do texto sem a autorização prévia e expressa do autor.

Imagens e Ilustrações: Qualquer imagem, ilustração ou diagrama (se houver) tem propósitos educativos e informativos, podendo consistir em reproduções artísticas ou representações de eventos. Sempre que possível, é mantido o respeito às diretrizes de uso justo de conteúdo.

Referências Externas: Links e menções a sites de terceiros (incluindo conteúdo YouTube e publicações oficiais da U.S. Navy) são fornecidos somente como recurso complementar à pesquisa. Esses conteúdos permanecem sob responsabilidade exclusiva de seus respectivos titulares, não cabendo ao autor deste Livro qualquer controle sobre modificações, disponibilidade ou atualizações futuras.

Transparência e Autenticidade

Os documentos abordados no Capítulo 6 (declaração atribuída a "U.S. Navy X") e no Capítulo 7 (arquivos publicados e removidos do site oficial da U.S. Navy) não foram formalmente autenticados por agências de governo ou especialistas independentes.

Qualquer interpretação sobre a origem e o significado desses documentos deve considerar a possibilidade de erros, imprecisões ou até mesmo fraudes.

Comercialização e Distribuição

Este material é comercializado na plataforma Amazon (e/ou outras plataformas), de acordo com os termos e condições estabelecidos, atendendo às políticas de publicação relativas a direitos autorais, conteúdo digital e adequação temática.

Observações Finais

O objetivo deste Livro é informar e contextualizar o debate acerca dos UAPs (Fenômenos Aéreos Não Identificados) e possíveis ocorrências marítimas ou costeiras envolvendo tecnologias além da engenharia reconhecida.

As menções a investigações governamentais, possíveis tecnologias avançadas e interações militares não constituem certificação de qualquer teoria específica, e sim um convite a uma investigação criteriosa e multidisciplinar.

Recomenda-se ao leitor buscar múltiplas fontes e análises independentes antes de formar um juízo conclusivo sobre os temas tratados.

O autor reforça que este Livro não substitui fontes científicas ou oficiais, devendo o tema ser abordado com espírito investigativo, abertura ao debate e respeito às leis e normas vigentes de cada país.

Advertência do Autor

Este livro apresenta análises e informações baseadas em documentos públicos, relatos e materiais obtidos legalmente, incluindo arquivos disponibilizados por meio da *Freedom of Information Act (FOIA)* e outros meios oficiais. Alguns dos documentos apresentados neste trabalho podem ter sido removidos ou alterados pelas fontes originais após sua publicação, mas estavam disponíveis publicamente no momento da pesquisa.

As interpretações e opiniões expressas neste livro são exclusivamente do autor e não representam as posições ou opiniões de quaisquer órgãos governamentais, incluindo a Marinha dos Estados Unidos (Navy). O autor não possui qualquer vínculo oficial com a Navy ou outras agências governamentais.

As imagens, textos e ilustrações reproduzidos no livro estão protegidos por leis de direitos autorais e são utilizados sob o princípio de "uso justo" (fair use), com fins exclusivamente educacionais, informativos e analíticos. Não há intenção de violar direitos autorais ou comprometer questões de segurança nacional.

Por fim, este livro não deve ser interpretado como uma fonte conclusiva de evidências científicas ou históricas, mas como um convite ao debate e à análise crítica sobre um tema de interesse público.